广州铁路职业技术学院资助出版

高等职业院校汽车类技能型人才培养规划教材

汽车维护保养实训

主　编　梁建玲

副主编　吴志敏

西南交通大学出版社

·成都·

图书在版编目（CIP）数据

汽车维护保养实训 / 梁建玲主编. —成都：西南
交通大学出版社，2018.7

高等职业院校汽车类技能型人才培养规划教材

ISBN 978-7-5643-6258-4

Ⅰ. ①汽… Ⅱ. ①梁… Ⅲ. ①汽车－车辆修理－高等
职业教育－教材②汽车－车辆保养－高等职业教育－教材
Ⅳ. ①U472

中国版本图书馆 CIP 数据核字（2018）第 144156 号

高等职业院校汽车类技能型人才培养规划教材

汽车维护保养实训

主编　梁建玲

责任编辑	罗在伟
封面设计	何东琳设计工作室

出版发行	西南交通大学出版社
	（四川省成都市金牛区二环路北一段 111 号
	西南交通大学创新大厦 21 楼）
邮政编码	610031
发行部电话	028-87600564　　　87600533
官网	http://www.xnjdcbs.com
印刷	四川森林印务有限责任公司

成品尺寸	185 mm×260 mm
印张	6.75
字数	156 千
版次	2018 年 7 月第 1 版
印次	2018 年 7 月第 1 次
定价	28.00 元
书号	ISBN 978-7-5643-6258-4

前　言

　　随着我国汽车工业的高速发展，汽车制造业与服务业都逐渐与世界接轨，新的养车理念"三分修，七分养"正在被广大车主接受。随着车辆技术和质量水平的提高，车辆维护保养的重要性愈显突出。车辆通过有效维护保养，可使车辆维修工作量逐渐减少，维护保养的日常工作量已远远大于修理量，我国现行的汽车维护维修原则是"预防为主、定期检测、强制维护、视情修理"，因此掌握车辆的维护、保养技术显得尤为重要，这也是高职院校汽车专业学生成功就业、融入企业必备的知识。

　　本书以现代汽车维护保养的"清洁、检查、紧固、调整、润滑和补给"等六大维护作业为主线，详细讲述了汽车定期维护和非定期维护的作业项目、操作要领和技术要求等内容。本书共 5 个项目：项目一为汽车维护保养常识，项目二为汽车维护常用工量具及工作液的使用，项目三为发动机维护保养实训，项目四为底盘维护保养实训，项目五为电器设备保养实训。

　　本书由广州铁路职业技术学院梁建玲任主编，吴志敏任副主编。本书的编写还得到学校相关领导及教务处工作人员的大力支持与帮助，在此一并表示感谢。

　　本书主要适用于职业院校和技工院校汽车检测与维修专业的学生，作为汽车维护与保养作业实训教材；也可作为汽车维修工的培训教材，并可供汽车维修工参考使用。

　　由于编者水平所限，本书难免存在疏漏之处，敬请广大读者提出宝贵意见和建议，以便本书修订时予以借鉴改正。

编　者

2018 年 5 月

目　录

项目一　汽车维护保养实训常识

　　汽车在使用过程中，随着行驶里程的增加，各零部件会出现磨损、变形、松动、老化、腐蚀以及损伤现象，导致车辆技术状况变差，故障率增加，致使汽车的动力性下降，经济性变差，安全可靠性降低，甚至有可能危及行车安全，出现机械事故或交通事故。在使用汽车的过程中，根据车辆的使用情况及磨损规律，把磨损、松动和易于出现故障部位的项目集中起来，分级分期强制进行润滑、调整、检查、紧固等维护作业，则能改善各零部件的工作条件，减轻磨损，消除隐患，保证行车安全，并能延长汽车的使用寿命。

一、汽车维护与保养的定义

　　当汽车行驶一定里程和时间后，为了保持车辆技术状况良好，确保行车安全，充分发挥汽车的使用效能并降低运行消耗，取得良好的经济效益、社会效益和环境效益，根据汽车维护技术标准，按规定的工艺流程、作业范围、作业项目及技术要求所进行的预防性作业，称为汽车维护与保养。

二、现代汽车维护与保养的原则

　　根据交通运输部《汽车运输业车辆技术管理规定》，应以"预防为主、定期检测、强制维护、视情修理"作为实施汽车维护制度的原则。

　　预防为主：指的是汽车维护重在预防，其内容是依照汽车技术状况变化的规律来安排的，并须在汽车技术状况变差之前进行。

　　定期检测：利用现代化的技术手段，辅以现代化的汽车检测诊断设备，定期对汽车进行检查测试，以正确判断汽车的技术状况。

　　强制维护：在计划预防维护（定期维护）的基础上进行状态检测的维护制度。汽车维护工作必须遵照交通运输管理部门或汽车使用说明书规定的行驶里程或时间间隔按期进行，不得任意拖延。

　　视情修理的实质：由原来的以行驶里程为基础确定汽车修理方式改变为以汽车实际技术状况为基础的修理方式，汽车的修理内容、作业范围通过检测诊断来确定。

三、现代汽车维护与保养的分类及作业内容

1. 汽车维护分类

　　汽车维护分为定期维护和非定期维护。定期维护分为日常维护、一级维护和二级维护；非定期维护分为走合期维护和季节性维护。

维护作业以清洁、检查、紧固、润滑、调整和补给六大作业为主。

（1）清洁是指车容整洁，包括对车辆车身、发动机及各总成的清洁作业。

（2）检查指发动机和各总成、部件状态正常，驾驶安全设备和机件齐全可靠，各连接件完好并紧固可靠。

（3）补给指对汽车的润滑油料及特殊工作液进行加注补充，对蓄电池进行补充充电、对轮胎进行补气等作业。

（4）润滑指按照不同的地区和季节，正确选用润滑剂对发动机及底盘各润滑点加注润滑油或润滑脂等作业。

（5）紧固指各紧固件必须配齐无损坏，安装正确可靠，拧紧程度符合规定要求。

（6）调整是指对车辆各总成按技术要求进行调整。

2．日常维护作业内容

日常维护作业内容包括对汽车外观、发动机外表进行清洁，保持车容整洁；对汽车各部润滑油（脂）、燃油、冷却液、制动液、各种工作介质、轮胎气压进行检视补给；对汽车制动、转向、传动、悬挂、灯光、信号等安全部位以及发动机运转状态进行检视、校紧，确保行车安全。日常维护由驾驶员自行完成。

3．一级维护作业内容

车辆每行驶 5 000 ～ 7 500 km 后就应该做一次维护，一级维护是指除日常维护作业以外，以清洁、润滑、紧固为作业中心内容，并检查有关制动、操纵等安全部件，由维修人员负责执行的车辆维护作业。维护内容包括发动机、离合器和传动部分、前桥部分、后桥部分、电气设备、轮胎部分、整车检验项目。各部分维护项目如下：

（1）发动机部分

①启动发动机，倾听发动机在怠速、中速和高速运转时有无杂音和异响。

②检查风扇皮带的松紧度，并进行调整。

③检查汽油泵、汽油滤清器、空气滤清器。

④检查气缸盖，进、排气歧管及消声器的连接紧固情况，检查并紧固发动机固定螺栓、螺母及飞轮壳螺栓。

⑤清洁机油粗、细滤清器及滤芯，放出滤清器中的沉淀物，或者更换机油滤清器，检查机油的多少和质量，检查润滑系（接头）有无漏油现象，紧固油底壳螺栓。

⑥检查空气压缩机的固定情况及管道有无漏油、漏气现象，排除储气筒内的油水及污物。

⑦检查散热器、水泵固定情况及水管有无渗漏、百叶窗的效能及水泵轴加润滑脂。

（2）离合器和传动部分

①检查离合器效能及底盖螺栓、踏板情况，踏板轴加润滑脂。

②检查变速器紧固情况，并检查油面及有无漏油现象，根据需要添加齿轮油。

③检查万向节、传动轴、伸缩套、中间轴承及支架、拖车钩等紧固及润滑情况。

④ 检查手制动器的工作情况，必要时调整工作行程，向制动蹄销加注润滑脂。

⑤ 检查主减速器壳有无漏油现象，检查油面，必要时加齿轮油。

（3）前桥部分

① 检查前制动鼓有无漏油现象，检查并调整前轮毂轴承的松紧度，检查转向节和主销的工作情况，并加注润滑脂，紧固轮胎螺栓、螺母。

② 检查转向器，加注润滑油，检查、调整方向盘的转动量和游隙，检查转向横、直拉杆及直拉杆臂转向臂各接头的连接和紧固情况，并加注润滑脂。

③ 检查减振器的固定情况，检查钢板弹簧有无折断，钢板销加注润滑脂，检查 U 形螺栓与螺母的紧固情况。

④ 紧固前保险杠、翼板、发动机罩、脚踏板、驾驶室螺栓及螺母，检查制动器室的连接情况并紧固螺栓、螺母，向制动凸轮轴加注润滑脂。

⑤ 检查前轴（工字梁）有无弯曲、断裂现象，检查和调整前束。

（4）后桥部分

① 检查后制动鼓有无漏油现象，检查调整后轮毂轴承的松紧度，检查紧固半轴突缘螺栓、螺母，轮胎螺栓、螺母，制动室螺栓、螺母，向制动凸轮轴加润滑脂。

② 检查钢板弹簧有无折断，吊耳是否良好，钢板销加注润滑脂，检查 U 形螺栓、螺母的紧固情况。

③ 检查紧固油箱架螺栓、螺母，挡泥板螺栓、螺母等。

④ 检查紧固备胎架、工具箱。

（5）电气设备

① 检查蓄电池电解液液面，不足时加蒸溜水，冬季加水后须充电，以防冻结。电柱头涂凡士林，以防腐蚀，并疏通盖上的通气孔。紧固蓄电池支架。

② 检查喇叭、指示灯、制动灯、转向灯、大灯等设备，以及电气仪表的工作状况。

③ 检查发电机、起动机的工作状况是否良好，并润滑轴承。

（6）轮胎部分

① 检查轮胎外表及气压情况，按标准充足气压并配齐胎嘴帽。

② 除去胎纹里的石子，发现油眼用生胶塞补，检查轮胎搭配是否合理。

③ 检查轮胎与钢板弹簧、车厢、挡泥板或其他部分有无摩擦碰挂现象。

（7）整车检验项目

检查汽车全部外表是否处于完好状态以及油漆情况，检查车架有无裂缝、铆钉有无松动现象，检查制动系统的工作效能及管路的密封情况。检查转向系统的工作情况以及信号、照明设备的工作情况。按照全车润滑图的规定检查润滑系统的润滑情况，如发现故障，应交由有关工种及工位的师傅调整修理。

4. 二级维护作业内容

（1）发动机部分

① 启动发动机，倾听发动机的怠速、中速和高速运转时有无杂音和异响。

②检验气缸压力或真空度，必要时清除燃烧室积炭及研磨气门、调整气门间隙，检查油封及曲轴后轴承有无漏油现象。

③拆检空气滤清器和更换机油，清理汽油滤清器，检查管道和接头。

④检查紧固气缸盖，进、排气歧管及消声器的螺栓、螺母，检查发动机的固定情况，并检查飞轮壳与缸体的连接和紧固情况。

⑤清理机油粗、细滤清器（更换细滤芯），或更换机油滤清器，拆洗油底壳，清洗机油泵和机油集滤器，擦试和检查气缸壁，检查轴瓦（必要时进行调整），装上油底壳并紧固，按规定加注对应牌号的新机油至规定油面。

⑥检查空气压缩机的工作情况及管道密封性，调整皮带的松紧度，排除储气罐内的油水及污物。

⑦检查散热器和罩盖的固定情况及水泵的工作情况，有无漏水，水泵轴加润滑脂，检查百叶窗的工作效能。

（2）离合器及传动部分

①检查离合器的效能及底盖螺栓，调整踏板的自由行程，向踏板轴加注润滑脂。

②检查变速器，放出齿轮油，清洗变速箱及齿轮，检查齿轮、轴及变速机构的磨损情况，并检查飞轮壳螺栓的紧固情况，安装变速器盖，加注对应牌号的齿轮油至规定高度。

③检查万向节，根据情况调换十字轴的方向，检查传动轴、伸缩套的松旷情况，检查中间支撑架及轴承，加注润滑脂。

④检查手制动器的工作情况和连接紧固情况，调整手制动部分，向制动蹄销加注润滑脂。

⑤根据情况拆检主减速器和差速器，检查齿轮的啮合情况，调整轴承的松紧度，添加或更换齿轮油，疏通通气孔，检查是否漏油，紧固螺栓、螺母。

（3）前桥部分

①拆检前制动鼓、制动蹄片、弹簧、轴承、油封，检查蹄片轴、凸轮的磨损情况，调整制动蹄片间隙及前轮毂轴承的松紧度，补充或更换润滑脂，紧固轮胎螺栓、螺母。

②检查调整转向器，加注润滑脂，检查调整方向盘的转动量及游隙，紧固固定螺栓、螺母，拆检转向横拉杆、直拉杆、直拉杆臂、转向臂球头及弹簧等，调整松紧度，紧固并加注润滑脂。

③检查减振器的固定情况及作用，根据情况补充减振液，拆检钢板弹簧、钢板销、支架、吊耳、夹子、U形螺栓、螺母，加注润滑脂，装复并紧固。

④紧固前保险杠、前拖钩、翼板、发动机罩、脚踏板、驾驶室的固定螺栓、螺母等，检查制动器室的工作情况并紧固螺栓、螺母，向制动凸轮轴加注润滑脂。

⑤检查前轴（工字梁）有无弯曲、断裂现象，检查主调整前束，拆检转向横拉杆球头，加注润滑脂，并调整紧固。

（4）后桥部分

①拆检后制动鼓、制动蹄片、弹簧、轴承、油封、凸轮的磨损情况，补充或更换润滑脂，检查轴距，根据情况进行半轴换位，紧固半轴突缘螺栓、螺母，紧固轮胎螺栓、螺母及制动室螺栓、螺母，向制动凸轮轴加注润滑脂。

②拆检主、副钢板弹簧、钢板销、支架、吊耳、夹子、U形螺栓、螺母的技术状况，加注润滑脂，进而装复和紧固。

③检查紧固油箱架螺栓、螺母，车厢挡板、后门挡板，车厢固定螺栓、螺母，挡泥板螺栓、螺母等。

④检查和紧固备胎架、工具箱。

（5）电气设备

①检查蓄电池电解液密度，加注电解液和蒸溜水并充电，电桩头涂凡士林，以防腐蚀，并疏通盖上的通气孔。检查启动线路，紧固蓄电池支架。

②检查汽车全部电气设备及完好状况，检查调整喇叭、指示灯、制动灯、转向灯、大灯以及电气仪表的工作状况，拆检、清理和润滑分电器，检验离心块弹簧拉力和真空调节器的工作情况，检验电容器和点火线圈和工作性能。

③检查、清理发电机、调节器、启动机，试验其工作性能，每行驶 6 000～8 000 km（可根据具体情况适当增减）进行二级保养时，必须对发电机、起动机解体，进行预防性检查，以消除隐患。

（6）轮胎部分

①清除胎纹里的石子等夹杂物，检查外胎有无鼓包、脱层、裂伤、老化等故障。

②拆卸轮胎，对轮辋进行除锈，检查内胎有无损伤或拆褶现象，按规定气压充气，进行轮胎翻边或换位。

③检查轮胎与翼板、车厢底板、钢板弹簧、挡泥板等有无摩擦碰挂现象。

（7）整车检验项目

检查汽车全部外表完好状况及油漆情况，检查车架有无裂缝、铆钉有无松动，检查制动系统的工作效能及管路的密封情况，检查转向系统的工作情况。检查信号、照明设备的工作情况。按照全车润滑图的规定检查润滑系统的润滑情况，如发现有故障或不符合要求时，分别交由有关工种及工位的师傅调整修理。

进行汽车路试，倾听发动机在加速、减速时的运转情况，有无不正常的响声，底盘部分有无不正常的响声。在各种不同速度下试验制动器的制动性能，应无跑偏、抖颤及制动不灵现象和不正常的响声。汽车停在陡坡上，将手制动器拉紧，应停住不动。路试一段距离后，检查变速器壳、后桥主减速器壳、各制动鼓等处是否过热。路试后，若发现有不正常现象，应立即予以检查、调整、排除。

5. 车辆走合期维护保养

新车和修复车在走合期开始、走合期中及走合期满后，应按规定进行走合期维护，由维修厂负责执行。其作业内容以检查、紧固和润滑等工作为主。

车辆在走合期内，发动机内相互配合的零件表面不平部分会被磨去，逐渐形成比较光滑的工作面，从而改善了零件的表面质量和配合精度，以承受正常的工作负荷。所以走合期内发动机的工作情况直接关系到发动机的使用寿命，应重视车辆走合期的保养。

车辆在走合期内必须注意：

（1）严禁高速行驶。汽车在各挡行驶速度不得超过发动机最高转速的 70%。不允许长时间高速行驶。

（2）严禁超负荷运行，不允许超载。一旦发动机工作不平稳，立即换入低挡。

（3）发动机刚启动后，不允许猛踩加速踏板，待水温达到正常工作温度后，再平稳起步。

（4）注意发动机冷却液的温度、润滑油液面高度等，发现故障要及时排除。

（5）走合期结束后，对汽车进行一次走合保养。

走合期间应在行驶至 2 500 km 时更换机油，并清理空气滤清器的滤芯。走合期结束时，应完成下列作业：

（1）清洗发动机油底壳，更换润滑油。

（2）清洗机油集滤器滤网。

（3）按规定扭矩和顺序，重新紧固气缸盖螺栓。

（4）检查调整气门间隙。

（5）更换机油滤清器，清除空气滤清器滤芯上的尘土。

（6）检查供油提前角。

（7）紧固喷油泵支架螺栓。

（8）检查皮带的松紧度，并作适当调整。

（9）紧固进排气歧管螺栓。

（10）检查悬架软垫是否有裂纹，螺母是否松动。

6. 车辆季节性维护保养

由于冬、夏两季的温差大，为确保车辆在冬、夏两季的合理使用，在换季之前应结合定期维护，并附加一些相应的项目，使汽车适应气候变化后的使用条件。

（1）夏季日常保养

盛夏日常保养方面应防止以下几点：

① 防蒸发。

② 防过热。

③ 防自燃、自爆、爆胎。

④ 防润滑不良。

（2）冬季车辆的使用和保养

冬季霜多、雾多、雨雪多、气温低，环境复杂，对行车安全有较大影响。驾驶人员应提高对冬季安全驾驶的认识，加强冬季驾驶的知识和技能的学习，做到防冻、防滑、防事故。要做好车辆的换季保养工作，对车辆制动、转向、行驶系及气路管道、水路管道、油路管道等各部件进行全面检查保养，为车辆装备必要的防冻装置，按规定添加机油、齿轮油、防冻液。

各级维护周期并没有做统一规定，现根据一般经验建议如下：

（1）发动机机油每 5 000 km 或 6 个月更换一次。

（2）发动机机油滤清器每 5 000 km 或 6 个月更换一次。

（3）空气滤清器每 20 000 km 更换一次。

（4）汽油滤清器每 20 000 km 更换一次。

（5）自动变速箱油每 20 000 km 更换一次。

（6）刹车油每 30 000 km 更换一次。

（7）发动机冷却液每 20 000 km 更换一次。

（8）转向器机油每 30 000 km 更换一次。

（9）驱动皮带每 40 000 km 更换一次。

（10）正时皮带 60 000 ~ 100 000 km 公里（依厂家规定）以前一定要更换。

四、汽车维护保养规范

1. 汽车维护保养总体规范

车辆进行维护时，不能对其主要总成大拆大卸，只有在发生故障需要解体时方可进行解体。与过去的维护制度相比，现行的维护制度进行了以下规范：

（1）取消了整车解体式的三级维护。

（2）没有对各级维护周期作统一规定。

（3）对季节性维护作了规范。

注意：一般除主要总成发生故障必须解体外，不得对车辆总成进行解体，这就明确了维护和修理的界限。

2. 各级维护的中心内容

日常维护：以清洁、补给和安全检视为中心内容。

一级维护：以清洁、润滑和紧固为主，并检查有关制动、操纵等安全部件。

二级维护：除一级维护作业外，以检查并调整转向节、转向摇臂、制动蹄片和悬架等经过一定时间的使用后容易损坏和变形的安全部件为主，并拆检轮胎，进行轮胎换位。

季节性维护：结合定期维护，并附加一些相应的项目，使汽车适应气候变化后的运行条件。

走合维护：汽车运行初期进行走合维护，以改善零件摩擦表面几何形状和表面层的物理、机械性能。

五、养护注意事项

（1）养护的环境，尽量通风良好。

（2）接触防冻液时，须采取保护措施以免中毒。

（3）使用化油器清洗剂、喷油器和进气系统清洗剂等小心中毒，电解液避免与衣服、皮肤接触。

（4）发动机运转时，小心衣物、首饰等被旋扯进去。

（5）避免接触刚熄火的发动机，小心高温机件烫伤。

（6）使用千斤顶时，绝对不可以在车辆下方作业。

（7）不允许明火接近油箱、油管、蓄电池等。

（8）对电控汽车控制系统的养护要注意以下4点。

① 当点火开关打开时，不要拆装蓄电池。

② 对装有防盗系统的车子要检查是否带有密码。

③ 避免进行电弧焊作业。

④ 没有防潮措施的情况下不要用水清洗发动机室。

（9）用正确的方法、合适的工具拆卸和装配零件。

（10）注意清理零件，以免遗失、装错。

（11）避免对机件猛打乱敲，以防损坏机件。

六、驾驶与养护

（1）启动时先踩离合器踏板。

（2）着车前后不要猛加油。

（3）驾驶汽车应平顺（正确的操作方法：暖机着车、一挡起步、控制水温、及时换挡、经济车速、脚轻手快、按时换油、定期维护等。）

（4）行驶过程要注意以下"三防"：

① 防"开锅"；

② 防润滑不良；

③ 防制动失效。

（5）熄火前不要猛加油。

七、实训注意事项

1. 安全注意事项

（1）注意人身和机件的安全，在不熟悉车的情况下先了解后动手，特别是注意在车底下作业时的人身安全。

（2）未经许可，不准扳动机件和乱动电器按钮开关。

（3）注意防火。

（4）认真接受实训前的安全知识教育。

2. 操作注意事项

（1）注意机器、工具、量具的正确使用。

（2）举升机的升降操作必须在老师的指导下进行。

（3）严格按维护技术规程、操作工艺要求进行作业。

（4）需调整的部位，应按出厂技术数据或技术规程规定的数据进行调整。

（5）注意拧紧螺钉、螺母、螺栓的顺序，有规定力矩要求的，必须用扭力扳手进行拧紧作业。

（6）车底作业应挂牌示意。

（7）保持实训场地的清洁整齐。

（8）各个部分补给的润滑油或工作液应适量。加注后，一定要检查油面是否合适。

（9）检查油量时应检查油质的好坏，如已失效或变质，则应更换新油。

（10）补充或更换机油时，应注意机油的牌号和种类。

（11）补充冷却液时，一定要待发动机冷却后再打开加水盖，以防烫伤。

项目二　汽车维护常用工量具及工作液的使用

一、汽车保养维修常用专用工具及使用方法

1. 起子（亦称螺丝刀）

（1）一字起子

一字起子又称一字形螺钉旋具、平口改锥，如图 2-1 所示，用于旋紧或松开头部开一字槽的螺钉。一般工作部分用碳素工具钢制成，并经淬火处理。一字起子由木柄、刀体和刃口组成。其规格用刀体部分的长度表示，常用的规格有 100 mm、150 mm、200 mm和 300 mm 等几种。使用时，应根据螺钉沟槽的宽度选用相应规格的一字起子。

图 2-1　一字起子

（2）十字形起子

十字形起子又称十字槽螺钉旋具、十字改锥，如图 2-2 所示，用于旋紧或松开头部带十字沟槽的螺钉，材料和规格与一字形起子相同。

图 2-2　十字起子

2. 普通扳手

（1）套筒扳手

套筒扳手的材料、环孔形状与梅花扳手相同，适用于拆装位置狭窄或需要一定扭矩的螺栓或螺母。套筒扳手主要由套筒头、手柄、棘轮手柄、快速摇柄、接头和接杆等组成，如图 2-3 所示。在不同的场合，以操作方便或提高效率为原则来选用套筒扳手，常用套筒扳手的规格是 10～32 mm。汽车维修中，工人师傅还采用了许多专用套筒扳手，如火花塞套筒、轮毂套筒、轮胎螺母套筒等。

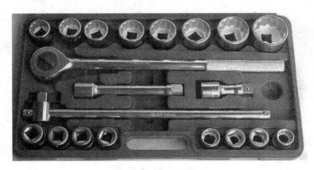

图 2-3　套筒扳手

（2）梅花扳手

梅花扳手两端呈环状，环的内孔由两个正六边形相互同心错转 30° 而成，如图 2-4 所示。使用时，扳动 30° 后，即可换位再套，因而适用于狭窄场合的操作。与开口扳手相比，梅花扳手强度高，使用时不易滑脱，但套上与取下不方便。其规格是以闭口尺寸 S（mm）来表示，如 8～10、12～14 等。梅花扳手通常是成套装备，有 8 件一套、10 件一套等，通常用 45 钢或 40 钢锻造，并经热处理制成。

图 2-4　梅花扳手

（3）开口扳手

开口扳手是最为常见的一种扳手，又称呆扳手，如图 2-5 所示。其开口的中心平面和本体中心平面成 15° 角，这样既能适应人手的操作方向，又可降低对操作空间的要求。其规格是以两端开口的宽度 S（mm）来表示的，如 8～10、12～14 等。开口扳手通常是成套装备，有 8 件一套、10 件一套等，通常用 45 号、50 号钢锻造，并经热处理制成。

图 2-5　开口扳手

（4）活动扳手

活动扳手的开口尺寸能在一定的范围内任意调整，如图 2-6 所示，使用场合与开口扳手相同，但活动扳手操作起来不太灵活。其规格是以最大开口宽度（mm）来表示的，常用规格有 150 mm、300 mm 等，通常由碳素钢（T）或铬钢（Cr）制成。

图 2-6　活动扳手

（5）扭力扳手

扭力扳手是一种可读出所施扭矩大小的专用工具，如图 2-7 所示。其规格以最大可测扭矩来划分，常用的有 294 N·m、490 N·m 两种；扭力扳手除用来控制螺纹件旋紧力矩外，还可以用来测量旋转件的启动转矩，以检查配合及装配情况。

图 2-7　扭力扳手

使用方法及注意事项：

① 使用时，一手按住套筒一端，另一手平稳地扳动扭力扳手的手柄，并观察扭力扳手指针指示的扭矩数值。

② 切忌在过载的情况下使用扭力扳手，以免造成读数失准或扳手损坏。用后应将扭力扳手平稳放置，避免重物撞、压，造成扳杆或扳手指针变形而影响其测量精度，甚至损坏扳手。

扳手类工具选用及注意事项：

所选用扳手的开口尺寸必须与螺栓或螺母的尺寸相符合，扳手开口过大易滑脱并损伤螺件的六角。在维修进口汽车时，应注意扳手公英制的选择。各类扳手的选用原则是，优先选用套筒扳手，其次为梅花扳手，再次为开口扳手，最后选用活动扳手。

3. 手锤和钳

（1）钳工锤

钳工锤又称圆头锤。其锤头一端平面略有弧形，是基本工作面，另一端是球面，用来敲击凹凸形状的工件，如图 2-8 所示。规格以锤头质量来表示，以 0.5 ~ 0.75 kg 规格最为常用，锤头以 45 号、50 号钢锻造制成，两端工作面热处理后硬度一般为 HRC50 ~ 57。

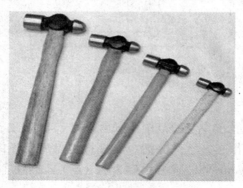

图 2-8　钳工锤

（2）尖嘴钳

尖嘴钳因其头部细长，所以能在较小的空间工作，其刃口还能剪切细小零件，如图 2-9 所示。使用时不能用力过大，否则钳口头部会变形或断裂，规格用钳长来表示，常用 160 mm 一种。

图 2-9　尖嘴钳

（3）鲤鱼钳

鲤鱼钳钳头的前部是平口细齿，适用于夹捏一般的小零件，中部为凹口粗且长，用于夹持圆柱形零件，也可以代替扳手旋小螺栓、小螺母，钳口后部的刃口可剪切金属丝，如图 2-10 所示。由于钳体上有两个互相贯通的孔，又有一个特殊的销子，所以操作时钳口的张开度可很方便地调整，以适应夹持不同大小的零件。鲤鱼钳是汽车维修作业中使用最多的手钳，规格用钳长来表示，一般有 165 mm、200 mm 两种，用 50 钢制造。钢丝钳的用途和鲤鱼钳相似，但其支销相对于两片钳体是固定的，故使用时不如鲤鱼钳灵活，但剪断金属丝的效果比鲤鱼钳要好，规格有 150 mm、175 mm、200 mm 三种。

图 2-10　鲤鱼钳

4. 活塞环拆装钳

活塞环拆装钳是一种专门用于拆装活塞环的工具，如图 2-11 所示。维修发动机时，必须使用活塞环拆装钳拆装活塞环，防止不正当操作导致活塞环被折断。

使用活塞环拆装钳时，将拆装钳上的环卡卡住活塞环开口，握住手把稍稍均匀地用力，使得拆装钳手把慢慢地收缩，环卡将活塞环徐徐地张开，使活塞环能从活塞环槽中取出或装入。

图 2-11　活塞环拆装钳

5. 气门弹簧拆装架

气门弹簧拆装架是一种专门用于拆装顶置气门弹簧的工具，如图 2-12 所示。

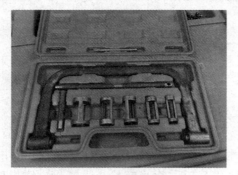

图 2-12　气门弹簧拆装架

使用时，将拆装架托架抵住气门，压环对正气门弹簧座，然后压下手柄，使得气门弹簧被压缩，这时可取下气门弹簧锁销或锁片，慢慢地松抬手柄，即可取出气门弹簧座、气门弹簧和气门等。

6. 滑脂枪

滑脂枪又称黄油枪，是一种专门用来加注润滑脂的工具，如图 2-13 所示。

图 2-13　滑脂枪

使用方法如下：

（1）填装黄油

① 拉出拉杆使柱塞后移，拧下滑脂枪压力缸筒前盖。

② 把干净黄油分成团状，徐徐装入缸筒内，且使黄油团之间尽量相互贴紧，便于缸筒内的空气排出。

③ 装回前盖，推回拉杆，柱塞在弹簧作用下前移，使黄油处于压缩状态。

（2）注油方法

① 把滑脂枪接头对正被润滑的黄油嘴（滑脂嘴），直进直出，不能偏斜，以免影响黄油加注和减少润滑脂的浪费。

② 注油时，如注不进油，应立即停止，并查明堵塞的原因，排除后再进行注油。

7. 千斤顶

千斤顶是一种最常用最简单的起重工具，按照其工作原理可以分为机械丝杆式、气压式和液压式，按照其所能起顶的质量可以分为 3 000 kg、5 000 kg、9 000 kg 等多种不同规格。目前广泛使用的是液压式千斤顶，如图 2-14 所示。

图 2-14　液压式千斤顶

使用方法：

（1）起顶汽车前，应把千斤顶顶面擦拭干净，拧紧液压开关，把千斤顶放置在汽车被顶部位的下部，并使千斤顶与被顶部位间相互垂直，以防千斤顶滑出而造成事故。

（2）旋转顶面螺杆，改变千斤顶顶面与被顶部位的原始距离，使起顶高度符合汽车需要的顶置高度。

（3）用三角形垫木将汽车着地车轮前后塞住，防止汽车在起顶过程中发生滑溜事故。

（4）用手上下压动千斤顶手柄，将被顶汽车逐渐顶升到一定高度，在车架下放入搁车凳，禁止用砖头等易碎物支垫汽车。落车时，应先检查车下是否有障碍物，并确保操作人员的安全。

（5）徐徐拧松液压开关，使汽车缓慢平稳地下降，架稳在搁车凳上。

使用注意事项：

（1）汽车在起顶或下降过程中，禁止在汽车下面进行作业。

（2）应徐徐拧松液压开关，使汽车缓慢下降，汽车下降速度不能过快，否则，易发生事故。

（3）在松软路面上使用千斤顶起顶汽车时，应在千斤顶底座下加垫一块有较大面积且能承受一定压力的材料（如木板等），防止千斤顶因汽车的重压而下沉。

（4）千斤顶把汽车顶起后，当液压开关处于拧紧状态时，若发生自动下降故障，则应立即停止作业并查找原因，及时排除故障后方可继续操作。

（5）如发现千斤顶缺油时，应及时补充规定油液，不能用其他油液或水代替。

（6）千斤顶不能用火烘热，以防皮塑碗/皮圈损坏。

（7）千斤顶必须垂直放置，以免因油液渗漏而失效。

8. 汽车举升机

汽车举升机是在汽车维修过程中用于举升汽车的设备。将汽车驾驶到举升机工位，通过人工操作可使汽车被举升到一定的高度，便于汽车维修。举升机在汽车维修养护中发挥着非常重要的作用。

举升机主要分为双柱式（见图 2-15）、四柱式（见图 2-16）、无柱式三大类型。无柱式举升机以剪式举升机（见图 2-17）为主，有单剪式、单剪子母式、双剪式等类型。

图 2-15　双柱举升机

图 2-16　四柱举升机

图 2-17　剪式举升机

使用方法：

（1）使用前安全检查

① 检查举升机的安全标识，有无年检、季检、半年检、月检。

② 检查设备参数，有无最大举升量和最大举升高度。

③ 检查电器、线路是否有老化、零乱、裸露现象。

④ 检查有无漏油现象（油箱、油泵、液压缸、油管）。

⑤ 检查螺栓是否紧固，传动部分是否正常。

⑥ 检查电源是否处于正常状态，启动开关、下降开关是否可靠。

⑦ 检查支臂是否处于正常状态。

⑧ 检查空载上升爬行时有无异响，上升时有无剧烈拉动；上升时停止一次，检查自锁装置是否处于正常状态。

（2）车辆准备

① 查看汽车自重，确认举升机能否载起，并检查车内有无过重物品。

② 选择好举升点，垫好举升垫块（剪式举升器）或架好举升臂（柱式举升器）。

③ 检查车辆制动、方向盘是否正常。

（3）车辆入位、举升

① 驾驶车辆，将车辆驶入举升工位。

② 拉紧驻车制动器。

③ 根据车辆特点对好支撑位置，确认举升点位置合适，如图 2-18 所示。

④ 开始预升，打开举升机电源开关或其他开关，使车辆升高 10 cm 左右，举升车辆前做到一"看"二"喊"，即看车辆周围不能有与车相连的任何物件，车辆周围不能站人，举升之前要出声提示"人让开，升车了，注意安全"。

再次确认支点位置是否合适、有无移位，检查车辆是否被平稳举起，各个支点有无偏差，如果有任何意外情况，先停机检查，严禁设备带病运行，举升器没锁好之前，车下严禁站人。

⑤ 确认安全可靠，将车辆举升至需要位置。

⑥ 车辆举到适宜高度后，将举升机安全锁止。

（4）车辆下降

工作完毕，清理现场后拉开锁定装置将汽车放回地面，取下举升垫块或移出举升臂，驶出汽车，举升机使用完毕。

图 2-18　举升支点位置

使用注意事项：

（1）使用前应清除举升机附近妨碍作业的器具及杂物，并检查操作手柄是否正常。

（2）操作机构应灵敏有效，液压系统不允许有爬行现象。

（3）支车时，四个支角应处于同一平面上，调整支角胶垫的高度使其紧密接触车辆底盘的支撑部位。

（4）待举升车辆驶入后，应将举升机支撑块调整移动对正该车型规定的举升点。

（5）举升时人员应离开车辆，待车辆举升到需要高度时，必须进行安全锁止，并确保安全可靠才可开始车底作业。

（6）举升机不得频繁起落。

（7）支车时举升要稳，降落要慢。

（8）有人作业时严禁升降举升机。

（9）若发现举升操作机构不灵，不得使用举升机。

（10）作业完毕应清除杂物，打扫举升机周围以保持场地整洁。

二、汽车保养维修常用量具及使用方法

1. 厚薄规

厚薄规又称塞尺或间隙片，是一种由多片不同厚度的标准钢片所组成的测量工具，钢片上标有厚度值，如图 2-19 所示，主要用于测量两个接合面之间的间隙值。使用时，可以用一片进行测量，也可以由多片组合在一起进行测量。

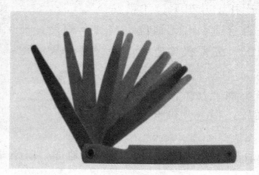

图 2-19　厚薄规

使用方法：

（1）用干净布将厚薄规片擦拭干净，不能在厚薄规片沾有油污的情况下进行测量，否则，会直接影响测量结果的准确性。

（2）将厚薄片插入被测间隙中来回拉厚薄规片，感到稍有阻力时，表明该间隙接近厚薄规片上所标出的数值。如果拉动时阻力过大或过小，则该间隙值小于或大于厚薄规片上所标出的数值。

使用注意事项：

（1）不允许在测量过程中，剧烈弯折厚薄规片，或用较大的力硬将厚薄规片插入被检测间隙中，否则，将损坏厚薄规片。

（2）测量后，应将厚薄规片擦拭干净，并涂上一薄层机油或工业凡士林，然后将厚薄规片收回夹框内，以防锈蚀、弯曲或变形。

2. 游标卡尺

游标卡尺是一种能直接测量工件直径、宽度、长度或深度的量具，如图 2-20 所示。游标卡尺按照测量功能可以分为普通游标卡尺和深度游标卡尺，按照测量精度可以

分为 0.10 mm、0.20 mm、0.05 mm、0.02 mm 等。目前常用的游标卡尺，其测量精度为 0.02 mm。

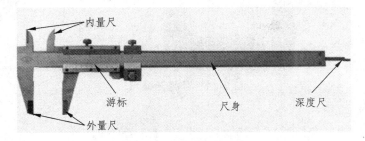

内量尺　游标　尺身　深度尺　外量尺

图 2-20　游标卡尺

使用方法：

（1）使用前，先将工件的被测表面和卡钳接触表面擦拭干净。

（2）测量工件外径时，将活动卡钳向外移动，使两卡钳间距大于工件外径，然后再慢慢地移动副尺，使两卡钳与工件接触。使用中，切忌硬卡硬拉，以免影响游标卡尺的精度和读数的准确性。

（3）测量工件内径时，将活动卡钳向内移动，使两卡钳间距小于工件内径，然后再缓慢地向外移动副尺，使两卡钳与工件接触。

（4）测量工件的内径和外径时，应使游标卡尺与工件垂直。测外径时，记下最小尺寸；测内径时，记下最大尺寸。

（5）用深度游标卡尺测量工件深度时，将固定卡钳与工件被测表面平整接触，然后缓慢地移动副尺，使卡钳与工件接触。测量时用力不宜过大，以免硬压游标而影响测量精度和读数的准确性。

（6）使用完毕后，应将游标卡尺擦拭干净，并涂一薄层工业凡士林，置于卡尺盒内存放，切忌弯折、重压。

读数方法：

（1）读出副尺零刻线所指示主尺上左边刻线的毫米整数。

（2）观察副尺上零刻线右边第几条刻线与主尺某一刻线对准，将游标精度乘以副尺上的格数，即为毫米小数值。

（3）将主尺上整数和副尺上的小数值相加即得被测工件的尺寸。

3. 千分尺

千分尺又称螺旋测微器、分厘卡尺，是一种用于测量加工精度要求较高的精密量具，其测量精度比游标卡尺高，且比较灵敏，测量精度可达到 0.01 mm。千分尺一般分为外径千分尺、内径千分尺、杠杆千分尺、深度千分尺、壁厚千分尺、公法线千分尺等。下面主要介绍外径千分尺。

外径千分尺是由尺架、测微装置、测力装置和锁紧装置构成，如图 2-21 所示。按照测量范围可分为 0～25 mm、25～50 mm、50～75 mm、75～100 mm 和 100～125 mm 等多种不同规格，但每种千分尺的测量范围均为 25 mm。

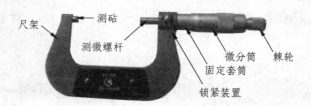

图 2-21　外径千分尺

千分尺的误差检查：

（1）把千分尺砧端表面擦拭干净。

（2）旋转棘轮盘，使两个砧端夹住标准量规，直到棘轮发出 2～3 声"咔咔"响，这时检视指示值。

（3）活动套筒前端应与固定套筒的"零"线对齐。

（4）活动套筒的"零"线与固定套筒的基线应对齐。

（5）若两者中有一个"零"线不能对齐，则该千分尺有误差，应检查调整后才能用于测量。

使用方法：

（1）将工件被测表面擦拭干净，并置于千分尺两砧端之间，使千分尺螺杆轴线与工件中心线垂直或平行。若歪斜着测量，则直接影响测量的准确性。

（2）旋转旋钮，使砧端与工件测量表面接近，这时改用旋转棘轮盘，直到棘轮发出"咔咔"声响时为止，此时的指示数值就是所测量到的工件尺寸。

（3）使用完毕后，应将千分尺擦拭干净，保持清洁，并涂抹一薄层工业凡士林，然后放入盒内保存。禁止重压、弯曲千分尺，且两砧端不得接触，以免影响千分尺精度。

读数方法：

（1）从固定套筒上露出的刻线读出工件的毫米整数和半毫米整数。

（2）从活动套筒上由固定套筒纵向线所对准的刻线读出工件的小数部分（百分之几毫米）。不足一格数（千分之几毫米），可用估算读法确定。

（3）将两次读数相加即是工件的测量尺寸。

4.百分表

百分表是一种比较性测量仪器，主要用于测量工件的尺寸误差和形位误差以及配合间隙等，其测量精度为 0.01 mm，如图 2-22 所示。

图 2-22　百分表

读数方法：

百分表的表盘刻度一般分为 100 格，当量头每移动 0.01 mm 时，大指针就偏转 1 格（表示 0.01 mm）；当大指针旋转 1 圈时，小指针偏转 1 格（表示 1 mm）。指针的偏转量就是被测零件（工件）的实际偏差或间隙值。

使用方法：

（1）先将百分表固定在表架（支架）上，以测杆端量头抵住被测工件表面，并使量头产生一定的位移（即指针存在一个预偏转值）。

（2）移动被测工件或百分表支架座，观察百分表表盘上指针的偏转量，该偏转量即是被测物体的偏差尺寸或间隙值。

使用注意事项：

（1）测杆轴线应与被测工件表面垂直，否则，会影响测量精度。

（2）百分表使用完毕后，应卸除所有的负荷，用干净软布将表面擦拭干净，并在金属表面涂抹一薄层工业凡士林，将百分表水平地放置盒内，严禁重压。

5. 内径百分表

内径百分表又称量缸表，是一种借助百分表为读数机构，配备杠杆传动系统或楔形传动系统的杆部组合而成，是一种比较性测量仪器，在汽车维修中主要用于测量发动机气缸和轴承座孔的圆度误差、圆柱度误差或零件磨损情况，其测量精度为 0.01 mm。

内径百分表由百分表、表杆、表杆座、活动测杆（量头）、支撑架和一套长度不等的接杆等组成，如图 2-23 所示。

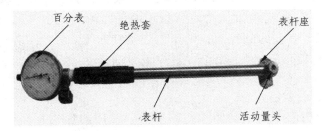

图 2-23 内径百分表

使用方法：

（1）一只手拿住绝热套，另一只手尽量托住表杆下部，轻轻摆动表杆，使内径百分表测杆与气缸轴线垂直（可通过观察百分表指针摆动情况来判断，当表针指示到最小数值时，即表示测杆已垂直于气缸轴线）。

（2）内径百分表读数方法与百分表相同，读出百分表头指示数值。

（3）确定工件尺寸：

① 如果百分表头的大指针正好指在"0"处，说明被测工件的孔径（缸径）与其校表尺寸相等，若以标准尺寸进行校表，则表示工件尺寸与标准尺寸相同。

② 如果百分表头大指针顺时针方向转离"0"位，则表示工件尺寸小于标准尺寸；反之则表示大于标准尺寸。

③ 通过对不同测量点的测量结果计算出圆度误差、圆柱度误差或了解工件的磨损情况。

6. 气缸压力表

气缸压力表是一种专门用于检查气缸内气体压力大小的量具，如图 2-24 所示。其主要组成部件是压力表，按测量范围和用途分为汽油机压力表（0~1.4 MPa）和柴油机压力表（0~1.4 MPa）两种，是诊断发动机是否需要大、中修的仪表之一。

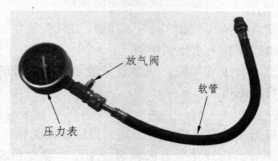

图 2-24　气缸压力表

使用方法：

（1）启动发动机并运转到正常工作温度，旋下汽油机火花塞或柴油机喷油器。

（2）对于汽油发动机，必须将节气门和阻风门完全打开，把气缸压力表的锥形橡胶圈压紧在火花塞座孔上。

（3）对于柴油发动机，必须采用螺纹接口式气缸压力表，将气缸压力表螺纹接口旋入喷油器座孔内。

（4）用起动机带动曲轴旋转 3~5 s，使发动机转速保持在 150~180 r/min（汽油机）或 500 r/min（柴油机），这时气缸压力表所指示的压力值就是该气缸的气缸压力。

（5）按下气缸压力表上的放气阀，则压力表指针回零。

（6）在实际测量气缸压力时，每个气缸应重复测量 2~3 次。

7. 轮胎气压表

轮胎气压表是专门用于测定轮胎气压的量具，常用的形式有标杆式和指针式两种，图 2-25 所示为指针式轮胎气压表。

图 2-25　轮胎气压表

使用方法：

（1）将轮胎气压表测量端槽口与轮胎气门嘴对正压紧。

（2）这时轮胎气压表指针发生偏转，其指示值即为该轮胎的充气压力；或者轮胎气压表标杆在气压作用下被推出，这时标杆上所显示的数值即为该轮胎的充气压力。

（3）测量完毕后，应仔细检查轮胎气门芯是否有漏气，若有漏气，应予以排除。

8．进气歧管真空表

进气歧管真空表是一种用于测量发动机进气歧管内真空度的工具，如图 2-26 所示，也可以检查汽油泵和真空装置的技术状况。

真空表刻度盘一般分为 100 格，测量范围为 0 ~ 100 kPa。

图 2-26　进气歧管真空表

使用方法：

（1）将发动机运转到正常工作温度，并调整分电器和化油器，使发动机保持稳定的怠速转速运转。

（2）将真空表用一根胶管连接到进气歧管或化油器下体的真空连接管上。

（3）观察真空表指针的指示值，并改变发动机的转速，观察真空度的变化情况，根据真空度的数值变化、分析和判断发动机不同工况下的技术状况。

9．其他常用量具

钢板尺：是一种最简单的测量长度直接读数量具，用薄钢板制成，常用它粗测工件的长度、宽度和厚度，常见钢直尺的规格有 150 mm、300 mm、500 mm、1 000 mm 等。

卡钳：分外卡钳和内卡钳，是一种间接读数量具，不能直接读出尺寸，必须与钢板尺或其他刻线量具配合测量。

燃油压力表：是一种测量发动机燃油供给系统油压的工具。

三、汽车常用工作液的使用

汽车在维修过程中，需要使用各种油料和各种特殊液体，了解和掌握这些常用油料、液体的性能，对我们进行日常维修工作是非常有益的。汽车使用的油料和液体有：汽油、柴油、机油、齿轮油、润滑脂、制动液、防冻液、自动变速箱油等。

1. 机 油

机油是发动机的血液，它有润滑、冷却、清洁、防锈及缓冲等重要作用。发动机机油有汽油机机油、柴油机机油以及不同质量级别的品种之分。机油质量的好坏直接关系着发动机的使用寿命。

机油是由基础油与不同种类、起不同作用的添加剂配制而成。不同添加剂可使机油具有不同方面的性能，以满足发动机的使用要求。比如发动机机油要具有良好的润滑性、黏温性、清净分散性、抗氧化、抗腐、抗磨和抗泡性，这些性能都需要由添加剂来实现。

（1）机油的性能特点

① 机油应具有一定的黏度和良好的"黏温特性"

发动机机油黏度大时，其润滑性、密封性、缓冲性较好，但冷却洗涤效果较差，且影响发动机低温启动性，增加燃料的消耗量；发动机机油黏度小时，其结果恰好相反。机油黏度是随温度的变化而变化，温度升高，黏度降低；温度降低，黏度增大。机油的这种性能被称为"黏温特性"。发动机在工作过程中，机油所处的温度范围很宽，为使机油具有良好的润滑性能，要求其具有良好的黏温特性。

② 机油的清净分散性

发动机机油的清净分散性通常是通过在机油中加入清净分散添加剂来实现。它是一种具有表面活性的物质，能吸附油中的固体污染颗粒，并把它悬浮在油的表面，以保证参加循环的是清净的机油。

③ 机油的起泡性

起泡性是指机油生成泡沫的倾向及生成泡沫的稳定性能。发动机机油由于快速循环和飞溅，必然会产生泡沫。如果泡沫太多或泡沫不能迅速消除，将会造成摩擦表面供油不足，以至达不到正常润滑的目的。在润滑油中加泡沫添加剂，可有效提高抗泡性能。

④ 机油的抗氧化性及防腐性

抗氧化性指机油抵抗大气（或氧气）的作用而保持其性质不发生永久变化的能力。润滑油在使用过程中，不可避免地被氧化而生成各种有机酸，在高温、高压有水分存在的条件下，将对金属起腐蚀作用。特别是高速柴油机使用的铜铅、锡铅轴承，其抗腐蚀性较差，在润滑油中即使有微量的酸性物质也会引起轴承严重的腐蚀，使轴承表面出现斑点，甚至整块剥落。所以发动机机油特别是柴油机机油，对腐蚀性指标有严格要求。因此，汽油机机油，不要使用到柴油机上。

⑤ 机油的抗磨性

发动机配气机构中的凸轮挺杆副、凸轮摇臂副、气门杆导管副及活塞（环）缸筒副等，由于受润滑条件，机构形式的影响，存在着表面负荷大、滑移速度高、速度变化频率高与润滑困难的矛盾。因此，磨损和疲劳损伤比较严重。所以，发动机机油中必须加入抗磨剂，使之具有良好的抗磨性。

（2）机油的分类

发动机机油的分类包括使用性能分类和黏度分类两个方面，我国发动机机油采用 API 使用性能分类法和 SAE 黏度分类法。

① 按使用性能（使用等级）分类

根据国家标准 GB/T7631.3—1995《内燃机油分类》，参照国际通用的 API（美国石油学会）使用分类法，将发动机机油分为汽油机油系列（S 系列）和柴油机机油系列（C 系列）两大类。每一系列又按油品特性和使用场合不同，分为若干等级。汽油机油系列共有 SC、SD、SE、SF、SG、SH 六个等级；柴油机系列共有 CC、CD、CH-Ⅰ、CD-Ⅱ 和 CF-4 五个等级。各类油品的级号越靠后，其使用性能越好。

除上述汽油机机油和柴油机机油系列分类外，国家标准 GB 1112—1995 还规定了 SD/CC、SE/CC、SF/CD 三个等级的汽油机、柴油机通用油的使用等级。

②按黏度分类

根据国家标准 GB/T14906—1994《内燃机油黏度分类》，采用国际通用的 SAE（美国汽车工程师协会）黏度分类法，将机油分为冬季用油（W 级）和非冬季用油。冬季用油按低温黏度，低温泵送性划分，共有 0W、5W、10W、15W、20W、和 25W 六个等级，其级号越小，适应的温度越低；非冬季用油按 100 ℃ 时的运动黏度等级。其级号越大，适应的温度越高。

另外，为增大机油对季节和气温的适应范围，国家标准还规定了多级油的黏度级号，如 5W/30、5W/40、10W/30、20W/40 等多级油，其分子表示低温黏度等级，分母表示 100 ℃ 时的运动黏度等级。多级油在油中添加了黏度指数改进剂，能同时满足 W 级油和非 W 级油的黏度要求，有较宽的温度使用范围。例如，5W/40 既符合 5W 机油黏度要求，又符合 40 级油黏度要求，在全国冬夏季可通用。

（2）发动机机油的选用注意事项

① 发动机机油的选用

机油对发动机的使用性能和寿命都有很大的影响，因此应严格按照汽车使用说明书规定选用相同系列、使用等级、黏度等级的机油。车辆使用说明书推荐的机油是根据发动机的性能和销售地域的气温等情况而定的，对机油的选用具有一定的指导作用，并留有较大的安全系数，同时也是发动机在保用期内索赔的前提条件之一。若无说明书可按下列方法，选用合适的机油规格：根据发动机的使用燃料选择相对应系列的发动机机油，汽油机选用 S 系列油，柴油机选用 C 系列油，液化石油气发动机选用液化石油专用的机油。

② 机油使用等级的选用

汽油机工作条件的苛刻程度与发动机进、排气系统有无附加装置及其类型有关，因此，可按附加装置的类型选用汽油机的使用等级。

没有附加装置的汽油发动机可选用 SD 级油；有曲轴箱强制通风（PCV）装置的汽油发动机可选用 SE 级油；有废气再循环（ECR）系统的汽油发动机应选用 SF 级油；装有催化转换器或中低档电喷系统的汽油机，要选用 SG 级以上的机油；对于采用新型材料和新技术的中高档电喷汽油机则应选用 SJ 机以上的机油；另外，对于从欧、美、日等汽车生产国进口的汽车也可根据生产年份进行选用，生产年份越靠后，其性能改进则越多，机油的工作条件通常要比早年生产的汽车苛刻。

柴油机机油的使用等级应根据柴油机的强化系数来确定，强化系数表示发动机的机械负荷和热负荷的总和。

③ 黏度等级的选用

机油黏度的选用应同时满足低温启动性和高温润滑性。根据地区、季节和气温选用黏度等级，并尽量使用多级油。

在严寒地区冬季使用的发动机机油应选用 0W、5W 油或 0W/20 或 5W/20 多级油；而在炎热地区的夏季，则应选用 40 号油或 20W/10 多级油。

根据发动机技术特性选用黏度等级。对于新发动机应选用黏度较小的机油，以保证在使用期内正常磨合；而使用较久，磨损较大的发动机则应选用黏度较大的机油，以维持所需的机油压力，保证正常的润滑。

（3）发动机使用机油注意事项

遇到下列情况之一的，机油使用等级应提高一级。

① 汽车长时间处于停停开开使用状态，如邮递车，出租车等。

② 长时间在高温高速下工作，尤其是满载或超载长距离行驶，如直达快车。

③ 长时间在低温，低速（气温低于 0 ℃，车速小于 16 km/h）下行驶。

④ 牵引车或中型以上载货车，满载并拖挂车，长时间行驶。

⑤ 在灰尘大的场所使用的发动机。

⑥ 使用质量差，含硫量高（质量分数大于 0.5%）的燃料。

使用品质等级较高的机油可以代替使用品质等级较低的机油，但相应维护费用较高。反之，使用等级较低的机油不可代替使用等级较高的机油。

根据用油地域或季节的变化，选用合适黏度的机油，特别是跨温区，跨季节使用的车辆，应尽量使用多级油，可以用机油桶密封储存，在合适的时候更换使用。不同规格，不同厂家生产的发动机机油不能混用，更不能混合储存。

定期或定里程更换机油及机油滤清器或滤芯。任何质量的机油，在使用中都会发生变化，到一定里程后，油的性能恶化，会给发动机带来危害，产生种种故障，为了避免故障的发生，应结合使用条件定期换油或根据油的理化指标变化情况按质换油。发动机的磨屑，空气中的沙粒，尘埃等杂质经过油循环后，集中收集到机油滤清器内。所以一般建议是结合换油时每换两次机油更换一次机油滤清器或滤芯。

掌握正确的机油油位检查方法，保证正常的油面高度。机油油面过低，油量不足会加速机油变质，而且发动机会因为缺油而引发部件的异常磨损；相反油面过高，机油会从气缸和活塞的间隙等处窜入燃烧室，产生积炭而影响发动机的正常工作。

定期清洁或更换空气滤清器，燃油滤清器和曲轴箱强制通风阀。以防止外界杂质带到机油中或因异常燃烧产生积炭等对机油和发动机产生危害。

防止水分渗入机油。水分会使机油乳化变质。将降低甚至使机油丧失性能，这对发动机的危害极大。因此日常维护时机油加注孔盖要盖好，并检查油质中是否含有水分。

换油应在发动机温度较高时进行，同时应尽量将废油放干净。废油应集中处理，不可随意倾倒，污染环境。

有些车辆配有专用机油，建议使用专用机油。这些专用机油是汽车制造厂针对相应车型的发动机工作性能而与石油公司合作开发的，具有更加良好的使用性能。

若发动机运行中发现机油报警灯亮，应立即将车开到安全地带将发动机熄火，检查原因或寻求援助，在保证安全的前提下方可行车。尽可能在车上备有一些机油，以便发动机机油缺少时尽快补加。

2. 齿轮油

汽车齿轮油用于机械式变速器、驱动桥和转向器的齿轮、轴承等零件的润滑，起到润滑、冷却、防锈和缓冲的作用。由于汽车齿轮工作条件复杂，接触压力大（2.5～4.0 GPa），圆周速度快（5～10 m/s），滑动速度高（2～10 m/s），油温高（65～180 °C），故对齿轮油的要求较高。其中双曲线齿轮传动的工作条件更苛刻，对汽车齿轮油使用性能要求更高，使用中如果不能正确选用合适的齿轮油，就不能保证齿轮的正常润滑，容易导致齿轮的早期磨损和擦伤，甚至会造成大的车辆事故。因此，汽车齿轮油的正确选用非常重要。

（1）齿轮油的基本性能

根据齿轮油的使用条件，要求齿轮油须具有良好的润滑性和较高的挤压性，具有适当的黏度和较好的黏温特性，较好的低温流动性，较好的防腐性和抗氧化安全性及良好的抗泡性。

对齿轮油的性能要求主要有黏度、黏温特性和抗磨性几个指标。

齿轮油的黏度应使传动机构工作时消耗于油内摩擦的能量很少，同时又能保证齿轮及轴承摩擦面不发生擦伤及噪声、油封及接合面不漏油。

抗磨性是指油品保持在运动部件间的油膜，防止金属与金属相接触的能力。齿轮油的极压抗磨性，可用油的负荷承载能力来评定。

（2）国外汽车齿轮油的分类

一类是按 SAE（美国汽车工程师协会）黏度分类，分为 7 种牌号：70W、75W、80W、85W、90、140、250。带尾缀 W 为冬季用齿轮油，它是根据齿轮油黏度达到 150Pa.s 的最高温度和 100 °C 时的最小运动黏度两项指标划分的。不带尾缀 W 的为夏季用齿轮油，它是根据 100 °C 时的运动黏度范围划分的，见表 2-1。

表 2-1　SAE 齿轮油黏度分类表

黏度标号	适用的最低温度/ °C	运动黏度 100 °C/S	
		最大	最小
70W	-55	4.1	—
75W	-40	4.1	—
80W	-26	7.0	—
85W	-12	11.0	—
90	—	13.5	—
140	—	24.0	小于 24.0
250	—	41.0	小于 41.0

同时符合两个黏度级的齿轮油称多级齿轮油。如 SAE80/90，表示其低温黏度符合 SAE80 的要求，而高温黏度又符合 SAE90 的要求，可以在某一地区全年通用，也可根据

当地温度选用。

另一类是按 API（美国石油协会）使用性能分类，依据齿轮负荷承载能力和使用场合不同划分为 GL-1、GL-2、GL-3、GL-4、GL-5、GL-6 六级，见表2-2。

表2-2　API齿轮油质量使用标号及性能

标号	适用范围
GL-1	低齿面压力、低滑动速度下运行的汽车螺旋锥齿轮、机械变速器
GL-2	选用 GL-1 级齿轮油时，其负荷、温度及滑动速度的状况不能满足使用要求的齿轮
GL-3	中等速度及负荷运转的汽车机械变速器和后桥螺旋锥齿轮
GL-4	在高速低扭矩及低速高扭矩下运转的小客车和其他车辆的各种齿轮，特别是准双曲面齿轮
GL-5	在高速冲击负荷、高速低扭矩、低速高扭矩条件下运转的小客车和其他车辆的各种齿轮，特别是准双曲面齿轮
GL-6	在高速冲击负荷运转中汽车的各种齿轮，特别是高偏置准双曲面齿轮，偏置大于 50 mm 或接近从动齿轮直径的 25%

（3）国产齿轮油分类

目前，我国参照 API 使用分类规定的车辆齿轮分为 CLC、CLD、CLE 三类，见表2-3。

表2-3　国产齿轮油使用

国标代号	国际标号	黏度标号	使用部位
CLC		80W/90、85W/90 和 90	机械变速器、螺旋锥齿轮的驱动桥
CLD	GL-4	90、140 和 75W	机械变速器、螺旋锥齿轮和使用条件不太苛刻的准双曲面齿轮的驱动桥
CLE	GL-5	75W、80W/90、90、85W/90 和 85W/140	使用条件苛刻的准双曲面齿轮及其他各种齿轮的驱动桥，也可用于机械变速器

（4）齿轮油的选用

通常按汽车使用说明书的规定选择与该车型相适应的齿轮油品种和标号，也可以参照下列原则选用。

① 根据季节选择齿轮油的标号（黏度级）。

齿轮油的标号有 75W、80W、85W、90、和 140 号，分别适用于最低气温为-40 ℃、-20 ℃、-12 ℃、-10 ℃、10 ℃ 的地区，应对照当地冬季最低气温适当选用，见表2-4。

表2-4　国产齿轮油与进口齿轮油的对应关系

国产齿轮油	适用范围	相对应的 SAE 规格（按黏度分类）	相对应的 API 规格（按质量分类）
20 号普通齿轮油	冬季使用于一般汽车的齿轮传动装置上	SAE90	GL-2
30 号普通齿轮油	长江以南地区全年，长江以北地区夏季使用于一般汽车的齿轮传动装置上	SAE140	GL-2

国产齿轮油	适用范围	相对应的SAE规格（按黏度分类）	相对应的API规格（按质量分类）
22号渣油型双曲线齿轮油	冬季使用于具有准双曲面齿轮传动装置的汽车上	SAE90	GL-3
28号渣油型双曲线齿轮油	夏季使用于具有准双曲面齿轮传动装置的汽车上	SAE140	GL-3
18号馏分型双曲线齿轮油	用于气温在-10～30 ℃ 地区，具有准双曲面齿轮传动装置的汽车上	SAE90	GL-4
26号馏分型双曲线齿轮油	用于气温在32 ℃ 以上地区，具有准双曲面齿轮传动装置的汽车上	SAE140	GL-4
13号馏分型双曲线齿轮油	用于气温在-35～10 ℃ 严寒地区，具有准双曲面齿轮传动装置的汽车上	SAE85W	GL-5

② 根据齿轮类型和工况选择齿轮油（使用性能级别）

对于一般工作条件下的螺旋锥齿轮主减速器（驱动桥），变速器和转向器可选用普通车辆齿轮油；主减速器是准双曲面齿轮的，必须根据工作条件选用中负荷车辆齿轮油或重负荷车辆齿轮油，见表 2-5。

表 2-5 汽车齿轮油的选择

使用性能级别选择		黏度级别（或牌号）的选择	
性能级别	齿轮类型、工作条件和示例	黏度级别	使用气温范围 ℃
普通车用齿轮油（GL-3）	工作条件缓和的螺旋锥齿轮主减速器和变速器、转向器	90	-10 ℃ 以上地区全年通用
		80W/90	-30 ℃ 以上地区全年通用
		85W/90	-20 ℃ 以上地区全年通用
中负荷车用齿轮油（GL-4）	工作条件一般（齿间压力在30 MPa以下，齿间滑移速度在8 mm/s以下）的准双曲面齿轮主减速器或要求使用GL-4齿轮油的进口汽车	90（旧18号）	-10 ℃ 以上地区全年通用
		旧7号严寒地区双曲线齿轮油	-43 ℃ 以上严寒区冬季
		85W/90	-20 ℃ 以上地区全年通用
重负荷车用齿轮油（GL-5）	工作条件苛刻的准双曲面齿轮主减速器或要求使用GL-5齿轮油的进口汽车	90	10 ℃ 以上地区全年通用
		140（旧26号）	重负荷、炎热夏季
		85W/90	-20 ℃ 以上地区全年通用

（5）选用齿轮油的注意事项

① 不要混淆机油和齿轮油的 SAE 分类标号。

② 绝不能用普通齿轮油代替准双曲面齿轮油，准双曲面齿轮齿间滑动非常大，普通齿轮油无法保持足够的润滑油膜，如果在其间使用了普通齿轮油，准双曲面齿轮将很快被损坏。

③ 不要误认为高黏度齿轮油的润滑性能好。使用黏度太高标号的齿轮油，将会使燃料消耗量显著增加。

④ 加油量应适当，不可过多也不可过少。过多不仅增加搅油阻力和燃料消耗，而且有可能齿轮油经后桥壳混入制动鼓（如果密封不良）造成制动失灵；过少会使润滑不良，温度过高，加速齿轮磨损。齿轮油面一般应加到与齿轮箱加油口下缘平齐。

⑤ 合理使用齿轮油。齿轮油的使用寿命较长，一般车辆行驶 20 000 ~ 25 000 km 更换一次齿轮油。换油时应趁热放出旧油，加油时应防止水分和杂质混入。

⑥ 齿轮油使用禁忌。在使用中，严禁向齿轮油中加入柴油等进行稀释，也不要在冬季启动车时烘烤后桥、变速器，以免齿轮油严重变质。冬季寒冷气候条件下应使用低黏度的多级齿轮油。

3. 润滑脂

润滑脂实际上是一种稠化了的润滑油，是将稠化剂分散于液体润滑剂中所组成的一种稳定的固体或半固体产品，主要用于汽车轮毂轴承及底盘各活络关节处的润滑。

（1）润滑脂的使用性能要求

根据汽车用脂部位的工作条件，对其性能的基本要求是：适当的稠度、良好的高低温性能，以及抗磨性、抗水性、防锈性、防腐性和安定性。

① 稠　度

稠度是指润滑油的浓稠程度，可用锥入度表示。锥入度越大，稠度越小；锥入度越小，稠度越大。

② 良好的耐热性

润滑脂的温度对其流动性有很大影响，当温度上升，润滑脂变软，熔融时会从摩擦表面流失而失去润滑作用，因此润滑脂应具有很强的附着能力，要求在温度升高时也不易流失。

③ 抗磨性

润滑脂抗磨性意义与润滑油一样。润滑脂的稠化剂本身就是油性剂，因此润滑脂的抗磨性一般比基础油要好。

④ 抗水性

抗水性差的润滑脂，遇水后稠度会下降，甚至因乳化而流失。汽车在雨天和涉水行驶时，底盘各摩擦点可能与水接触。要求使用抗水性能良好的润滑脂。

（2）润滑脂的种类和规格

润滑脂的种类有：钙基润滑脂、钠基润滑脂、钙钠基润滑脂、通用锂基润滑脂、汽车通用锂基润滑脂、极压锂基润滑脂、石墨钙基润滑脂等。各种润滑脂的特性及使用范围，见表2-6。

表2-6　润滑脂的种类和使用范围

品　种	特　性	使用范围
钙基润滑脂	抗水性好，耐热性差，使用寿命短	最高使用温度范围为-10～60℃，适用于汽车轮毂轴承、底盘拉杆球节、水泵轴承等部位
钠基润滑脂	耐热性好，抗水性差，有较好的极压减磨性能	使用温度可达120℃，只适用于低速高负荷轴承，不能用在潮湿环境或水接触部位
钙钠基润滑脂	耐热性、抗水性介于钙基和钠基脂之间	使用温度不高于100℃，不宜于低温下使用，适用于不太潮湿条件下的滚动轴承，如底盘、轮毂等处的轴承
复合钙基润滑脂	较好的机械安定性和胶体安定性，耐热性好	适用于较高温度及潮湿条件下润滑大负荷工作的部件，如汽车轮毂轴承等处的润滑，使用温度可达150℃左右
通用锂基润滑脂	具有良好的抗水性、机械安定性、防锈性和氧化安定性	适用于-20～120℃宽温度范围内各种机械设备的滚动和滑动轴承及其他摩擦部位的润滑，是一种长寿命通用润滑脂
汽车通用锂基润滑脂	良好的机械安定性、胶体安定性、防锈性、氧化安定性、抗水性	适用于-30～120℃下汽车轮毂轴承、水泵、发电机等各摩擦部位润滑，国产和进口车辆普遍推荐用此油脂
极压锂基润滑脂	有极高极压抗磨性	适用于-20～120℃下高负荷机械设备的齿轮和轴承的润滑，部分国产和进口车辆推荐使用
石墨钙基润滑脂	具有良好的抗水性和抗碾压性能	适用于重负荷、低转速和粗糙的机械润滑，可用于汽车钢板弹簧、起重机齿轮转盘等承压部位

（3）润滑脂使用注意事项

①推荐使用锂基润滑脂。锂基脂为外观发亮的奶油状油膏，有良好的低温性、抗磨性、抗水性、抗腐蚀性和热氧化安定性，是目前最常用的一种多效能的润滑脂。

②保持清洁。涂脂前零件要清洗干净，不同种类的润滑脂不能混用，新旧润滑脂不能混用，在换润滑脂时，一定要把废旧润滑脂清洗干净，才能加入新润滑脂。

③用量适当。更换轮毂轴承润滑脂时，只要在轴承的滚珠（或滚柱）之间塞满润滑脂，而轮毂内腔采用"空毂润滑"，即在轮毂内腔表面薄薄地涂上一层润滑脂，起防锈作用即可。不应采用"满毂润滑"，即把润滑脂装满轮毂内腔。这样即不科学，又很浪费，还可能会因轮毂过热而使润滑脂流到制动摩擦片表面，造成制动失灵，影响行车安全。

4. 制动液

制动液主要用于液压制动系统和液压离合器操纵系统的能量传递。制动液的好坏，关系着行车安全。

（1）制动液的性能要求

汽车制动液是液压制动系统和液压式离合器操纵机构传递能量的工作介质，必须具有多种适应现代汽车的性能要求，以保证行车安全。

① 应有较高的沸点。

汽车在行驶中制动比较频繁，制动鼓（盘）的温度不断升高，如使用沸点较低的制动液，常会在管路中产生气阻而导致制动失灵，因此，制动液的蒸发性要低，不宜在高温下汽化。

② 适宜的高温黏度和良好的低温流动性。

③ 具有抗氧化、抗腐蚀和防锈的性能。

④ 吸湿性低、溶水性好、沸点下降少。即使有水分进入制动液，要求能形成微粒从而和制动液均匀地混合，不产生分离和沉淀现象。

⑤ 对橡胶的适应性好。制动液对橡胶件不应有溶胀作用，否则会使其失去应有的密封作用，因此，制动液对橡胶件要有良好的适应性。

（2）制动液的分类、品种和牌号

① 国外制动液的规格标准。

常用的进口制动液有 DOT3、DOT4 两种。DOT 是美国汽车安全标准规定的标称，其数字越大，级别越高。DOT3 和 DOT4 的不同之处主要在于沸点不同，DOT4 比 DOT3 更耐高温。制动液的性能指标见表 2-7。

表 2-7　制动液性能指标

沸点（平衡环流沸点）	工作情况	DOT3	DOT4
	干	205 °C 以上	230 °C 以上
	湿	140 °C 以上	155 °C 以上

DOT3 和 DOT4 是各国汽车所用最普遍的制动液。

② 国产制动液的品种、牌号和规格。

国产制动液依据其平衡回流沸点，可分为 JG0、JG1、JG2、JG3、JG4、JG5 六个质量等级，序号越大平衡回流沸点越高，高温抗气阻性越好，行车制动安全性越高。

（3）制动液的选用

① 优先选用进口名牌制动液。市场上销售的各制动液多为进口品牌，而且质量可靠，使用也方便。可以根据汽车使用说明书的规定选用制动液。普通汽车可使用 DOT3 型号的制动液，比较高级的车辆可选用 DOT4 型号的制动液。

② 合理选用国产制动液。合成制动液适用于高速重负荷和制动频繁轿车和货车；醇型制动液可用在车速较低，负荷不大的老式车上，矿物油型制动液可在各种汽车上使用，但制动系需换耐油橡胶件。7 号矿物油制动液在严寒地区可冬夏两用。具体选择什么样的国产制动液，可参考汽车使用说明书要求执行。

（4）制动液使用注意事项

① 制动液不能混用。各种制动液绝对不能混用，否则会因分层而失去制动作用。

② 保持清洁。加注或更换制动液时要注意清洁，制动液须经过滤，不允许细微杂质混入制动系统。

③ 注意防潮。存放制动液的容器应当密封，防止水分混入和吸收水汽使沸点降低；

更换下来和装在未密封容器内的制动液不能继续使用。

④ 定期更换。应定期更换制动液，由于醇醚类制动液具有一定的吸水性，因此在一般情况下，当制动液在使用 1～2 年时便进行更换，以防制动液吸湿后影响制动性能。更换制动液应在每年的雨季过后再进行。

⑤ 注意制动液的温度。在山区下坡连续使用液压制动或在高温地区长期频繁制动时，制动蹄片温度可达 350～400 ℃，使制动液温度随之升高达 150～170 ℃，已超过一般合成制动液的潮湿沸点，因此，要注意检查制动液温度，以防因气阻发生交通事故。

⑥ 制动系统的保护。防止矿物油混入使用醇型和合成型制动液的制动系统。使用矿物油制动液，制动系应换用耐油橡胶件。使用醇型制动液前，应检查是否有沉淀，如有沉淀应过滤后使用。

5．防冻液

现代发动机的制造越来越精良，发动机缸体、缸盖冷却水道越来越小，使用普通水易产生水垢和锈蚀从而堵塞冷却水道，致使发动机不能正常工作。因此，防冻液不能仅看作是冬季使用的发动机冷却液，而应全年使用，这样即节省了防冻液又保护了发动机。

（1）防冻液的作用

① 长效防冻液一般都有防冻、防锈、防沸腾和防水垢等性能。

② 防冻性。对降低水的冻结温度效果好。

③ 防锈性。对金属的腐蚀要少。

④ 防沸腾。传热效果好，循环冷却液能在较高温度下不沸腾开锅，以保证发动机正常运行。

⑤ 防水垢。防止水垢形成，有利于冷却系统正常导热。

⑥ 防止过热，利于发动机正常工作，延长工作寿命。

⑦ 低温黏度不能太大，化学稳定性好，蒸发损失少，泡沫少，不损坏橡胶制品。

⑧ 提高热效率及节油。

（2）防冻液的组成

① 常用的防冻液由水与乙二醇、水与酒精、水与甘油按一定的比例混合而成。目前常用的防冻液多数属乙二醇-水型。

② 长效防冻液。长效防冻液为乙二醇-水型，其中加有防腐剂和染料。乙二醇-水型长效防冻液，具有防冻、防腐、防沸及防垢等性能，可四季通用，有 -18 ℃、-35 ℃、-45 ℃ 等牌号。

③ 进口防冻液。目前，我国市场上销售最多的是进口壳牌防冻液，以及美孚牌和 TCC 牌等防冻液。

（3）防冻液使用注意事项

① 根据气温选择防冻液。根据当地冬季最低气温选用冰点牌号的防冻液。冰点至少应低于最低气温 5 ℃。如果是浓缩液应按产品说明书规定的比例加清水进行稀释。

② 验证后再使用。当防冻液存放时间过长，或发现其有异常，如有锈渣等沉淀物，应经过质量检验（放到冰箱里试验）后再确定能否使用。

③ 发动机温度的控制。优质防冻液冷却沸点高，使用时，温度比用水冷却液时温度约高 10 ℃ 以上是正常的。这种情况有利于提高发动机热效率、节省燃料。不要人为地降低发动机温度。

④ 合理使用防冻液。防冻冷却液使用期限较长，一般为 1～2 年（长效防冻液可达 2～3 年）。在加注新的防冻液前应将冷却液完全排放净后，用清水将冷却系洗净，水垢和铁锈较为严重的，要将散热器认真地洗涤干净。加注时不要过量，一般只能加到冷却系总容量的 95%。以免升温膨胀后溢出。停车后不要立即打开水箱盖。

⑤ 防止污染。失效的防冻液可回收处理后利用，不要随意抛洒，防止污染水源和造成浪费。

⑥ 人体保护。防冻液（乙二醇）有一定毒性，对人的皮肤和内脏具有刺激作用，使用中严禁用嘴吮吸。手接触后要及时清洗，溅入眼内更应及时用清水冲洗处理。

6. 自动变速器油

液力传动油也称自动变速器油（Automatic Transmission Fluid），简称 ATF，是指专门用于自动变速器（ATF）和无极变速器（CVT）等的集润滑油、液力传递、液压制动功能于一身的特殊油液。ATF 油对自动变速器的工作、使用性能以及使用寿命都有着非常重要的影响。

自动变速器油是在精制的矿物油或合成油中加入各种添加剂合成的。自动变速器油中常用的添加剂有黏度指数改进剂、摩擦调整剂、抗氧化剂、清净分散剂、抗磨剂、防锈剂、橡胶膨胀剂、消泡剂和着色剂等。自动变速器油的规格主要是以美国通用公司的"DEXRON Ⅱ -E"和福特公司"MERCON"两种规格为代表，欧洲、日本制造厂家近年来也制定各自的新规格。

根据车辆使用说明书规定，选择适当品种的 ATF 油。不要选择车辆生产厂家推荐以外品种的 ATF，否则会出现严重损坏自动变速器的不良后果。

项目三 发动机维护保养实训

【实训目的】

掌握发动机维护保养项目及正确操作。

【实训要求】

（1）能独立熟练、正确地按要求进行发动机各项目的维护保养操作。

（2）能正确选择、使用工具和仪器。

【实训教具和设备】

（1）实训车辆；

（2）举升机；

（3）各类保修检测设备及工具。

【维护作业】

打开发动机舱，如图 3-1 所示，放上翼子板布，检查各油管有无漏油现象；检查线路和各种插头、接头有无松脱；检查各皮带有无破损或丢失；检查各液面是否合适；然后对发动机各系统进行维护检查。

图 3-1 发动机舱检查

实训一　发动机润滑系的维护保养

任务一　发动机机油的检查

【实操步骤】

1. 发动机机油油质的检查

拔出机油尺，如图 3-2 所示，将机油滴在白纸上观察，或将提取的油样放在透明的玻璃瓶中经一定时间沉淀后，与新机油油样对比观察。若油色与新机油油样相差不大，则油样未变质或变化不大，可以继续使用；若油色很深或完全变黑，则表明油样变质严重，应及时更换。但加有浮游添加剂的机油和多级机油在使用中很快变暗，有时几乎是黑色，是正常现象，应当与机油变质区别开来。

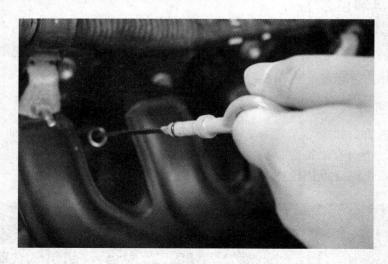

图 3-2　拔出机油尺

机油若含水或乙醇防冻液，则呈雾状或混浊状。若呈雾状，则含水量较少；若呈混浊状，则含水量较多。油样中机械杂质会慢慢沉淀在瓶底，很容易观察到杂质。油样若氧化严重，则有强烈的"灼烧"气味或刺激性气味；若被燃油稀释，则有较强的汽油味或柴油味。

2. 发动机机油油量的检查

拔出机油油尺擦干净，重新插入油尺并再次取出，记录油尺上的油面，正确油面应处于上位和下位之间的位置，如图 3-3 所示。若油面高度低于下位，应加机油至合适油量；若油面高度太高，应及时查明原因予以排除，其原因可能是冷却水或汽油进入曲轴箱内所致。

图 3-3　机油油面高度

任务二　发动机机油的更换

【实操步骤】

（1）将车辆驶入举升机工位，发动机熄火，打开发动机舱盖，放上翼子板盖和前盖，按逆时针方向拧开机油加注口盖以便排放发动机机油，如图 3-4 所示。

图 3-4　拧开机油加注口盖

（2）将车辆升到高位，检查油底壳接触面、油封、排放塞和机油滤清器是否漏油。

（3）准备好发动机机油接收器，拧下放油螺塞（注意防烫），如图 3-5 所示，排放机油。放完旧的机油后，更换新的垫片，拧上放油螺塞。

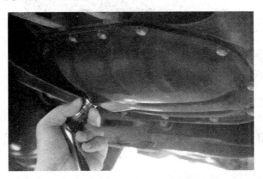

图 3-5　拧下放油螺塞

（4）更换发动机机油滤清器。使用专用工具拆卸机油滤清器，如图 3-6 所示，检查和清洁机油滤清器安装表面，在新的机油滤清器垫片上涂抹清洁的机油，如图 3-7 所示，轻缓地拧上机油滤清器，使其就位，然后上紧直到垫片接触底座，最后用专用工具拧紧3/4 圈。

图 3-6　拆卸机油滤清器

图 3-7　机油滤清器上涂抹机油

（5）加注机油。将车辆降至低位，通过机油加注口加注规定数量的机油，应及时查看机油的加注量，注意不要过量。

（6）拧紧加油口盖。

（7）启动发动机，怠速运转 5 min，停机 5 min 后，用机油尺检查机油液面是否处于上位和下位之间。若不足，继续从机油加注口添加机油，确保液位处于规定的范围内。最后盖好机油加注口盖。

（8）启动发动机，在怠速的情况下，观察滤清器有无泄漏。如有泄漏，应拆检油封胶圈，排除漏油现象。

【技术要求】

机油量应位于油标尺上、下刻线之间。换机油后，滤清器处应无机油泄漏。

【注意事项】

（1）排放发动机机油时，当快要旋出放油螺塞时，要迅速将发动机放油螺塞向上提起，以防机油溅到人身上。

（2）不加润滑油的情况下，不得启动发动机。

实训二　发动机冷却系的维护保养

任务一　冷却液的更换

【实操步骤】

将车辆停放在平地位置，打开发动机盖，检查冷却液软管是否老化，接头是否有松动、漏水。

（1）拧下散热器盖，如发动机温度过高，则不要急于将散热器盖打开，以防热水烫伤。

（2）正确摆放冷却液收容器，松开散热器排放塞和发动机排放塞，以便排放冷却液。

（3）断开补偿罐软管，排出补偿罐中的冷却液。

（4）冷却液放出后，用清水冲洗冷却系统。

（5）重新拧紧散热器排放塞和发动机排放塞，接好补偿罐软管。

（6）将准备好的冷却液缓慢倒入散热器加注口，用同样的方法加注补偿罐达到"FULL"的标记处，约占补偿罐容积的 2/3。

（7）重新装上散热器盖。

（8）在快加满冷却液时，可将发动机启动几分钟，使冷却水循环，水循环时会把冷却系内的空气排出，以使加水口冷却液面降低。

（9）检查补偿罐中冷却液是否处于"min"和"max"之间，如图 3-8 所示。若不足，应补足冷却液至规定高度。

图 3-8　检查冷却液液面高度

【技术要求】

（1）冷却液品种要符合本地气候条件。

（2）按时更换冷却液，长效防锈防冻液一般两年更换 1 次。

【注意事项】

（1）不要在汽车刚运行后立即进行该工作，因为冷却液温度很高，散热器盖会炙热得不能接触。

（2）不要混合使用不同品牌的冷却液。

任务二　发动机冷却系渗漏检测

【实操步骤】

（1）启动发动机暖机至冷却水温度达到正常温度。

（2）打开储水箱盖，加水至溢出加水口为止。

（3）安装压力计。

（4）用手动泵加压至 1.4×10^5 Pa，此时如果冷却系统无渗漏，压力计指针将无变化；如果系统存在渗漏，则压力计的压力指示将下降。

实训三　空气滤清器的维护

【实操步骤】

（1）松开滤清器锁扣，卸下固定滤芯的螺母，取下护盖后拔出滤芯。取出滤芯时，要注意防止杂质掉入。

（2）检查滤芯污染程度并进行清洁。当滤芯积存干燥的灰尘时，可用压力不高于500 kPa 的压缩空气，从滤芯内侧开始，上下均匀地沿斜角方向吹净滤芯内外表面的灰尘，如图 3-9 所示。如果没有压缩空气，可用旋具柄轻轻敲打滤芯，再用毛刷刷净外部污垢。

图 3-9　清洁空气滤清器滤芯

（3）检查滤芯，将照明灯点亮放入滤芯里面从外部观察滤芯有无损伤、小孔或变薄的部分，检查橡胶垫圈有无损伤。如有异常，应更换滤芯和垫圈。

（4）更换空气滤清器的滤芯。根据车型的行程规定（一般为 20 000 km）进行更换。换滤芯时，应注意检查新滤芯有无损伤，垫圈是否有缺损，发现缺损，应及时予以配齐。

（5）安装空气滤清器。按其拆卸相反的顺序，将各部件安装好。注意：必须可靠地安装滤芯，不宜用手或器具接触滤芯的纸质部分，尤其不能让油类污染滤芯。

【技术要求】

（1）汽车行驶 4 000～5 000 km 应对空气滤清器进行维护。

（2）汽车行驶 20 000 km 应更换滤芯。

（3）滤芯应清洁无破损，上、下衬垫无残缺，密封应良好；滤清器应清洁，安装牢固。

【注意事项】

（1）操作时，不得大力敲打或碰撞滤芯。在清洁时，如果发现滤芯损坏，应更换滤芯，正常使用的纸质滤芯也应按规定时间更换。

（2）滤芯安装方向不能装反。

实训四　发动机点火系统的维护保养

任务一　检查、清洁火花塞

【实操步骤】

1. 拆卸火花塞

拆卸火花塞前，要清除火花塞孔处的杂物和灰尘。如果火花塞孔处有灰尘和杂物，可用气枪吹去灰尘和杂物。如果不易吹掉，可用抹布和旋具进行清除。

用火花塞套筒逐一卸下各缸的火花塞。拆卸时，火花塞套筒要确实套牢火花塞，否则，会损坏火花塞的绝缘磁体而导致漏电。为了稳妥，可用一手扶住火花塞套筒并轻压套筒，另一只手转动套筒，卸下的火花塞应按顺序排好。

2. 检查火花塞状态

逐一检查火花塞，如果火花塞的电极呈现灰白色，而且没有积炭，则表明该火花塞工作正常，燃烧良好；如果电极严重烧蚀或有积炭，甚至有污迹或其他异常现象，则表明该火花塞已出现故障，应予以更换。

检查火花塞的绝缘体，如有油污和积炭，应清洗干净。磁心如有损坏、破裂，应予以更换。清除积炭时，最好使用火花塞清洁器进行清洁，不能用火焰灼烧进行清除。

3. 检查、调整火花塞电极间隙

如图 3-10 所示，用火花塞量规测量火花塞电极间隙。火花塞间隙大时，可用旋具柄轻轻敲打外电极来调整；间隙过小时，可用一字旋具插入电极之间，扳动一字旋具把间隙调整到符合要求为止。

火花塞间隙调整好后，外电极与中央电极应略成直角，如过度弯曲或电极烧蚀成圆形，则表示该火花塞不能再使用，应予以更换。

4. 安装火花塞

为使安装顺利，可在火花塞螺纹上涂抹一点机油。

【技术要求】

（1）火花塞性能良好，电极呈现灰白色，无积炭。

（2）火花塞间隙应在 0.7～0.9 mm。

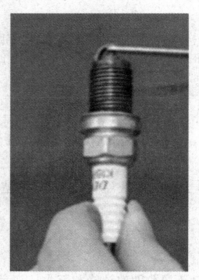

图 3-10　检查火花塞电极间隙

任务二　点火系统的检查和调整

【实操步骤】

1. 清洁分电器内部

（1）打开分电器盖的卡簧，卸下分电器盖。用抹布擦拭分电器盖的内外部，检查分电器盖有无破损或龟裂的痕迹，分电器盖出现破损或龟裂现象必须更换。

（2）检查中央电极的炭棒及弹簧，用手或旋具轻压中央电极，松开时，电极应能自动弹回原位。中央电极的炭棒及弹簧如果损坏，应更换。

（3）用布擦净分火头，检查分火头是否有裂纹或破损，如果有龟裂或破损，应及时更换。

（4）当分电器盖装到分电器上时，要用卡簧固定住，并检查各缸高压线是否套牢。

2. 调整触点间隙

用塞尺检查分电器触点间隙，间隙标准值为 0.35～0.45 mm；如不符合，则通过其上的调整螺钉进行调整。

【技术要求】

（1）分电器盖无破损或龟裂，分火头无裂纹和破损。

（2）触点完好，触点间隙在 0.35～0.45 mm。各线路接头牢固可靠，无漏电，各连接轴无松旷和轴向窜动现象。

实训五　发动机燃油喷射系统的维护保养

【实操步骤】

1. 油箱盖的检查

打开油箱盖挡板，打开油箱盖，检查油箱盖密封圈。确保密封垫片或密封圈处于正确的位置；检查油箱盖能否正确拧紧，橡胶连接线是否完好；拧紧油箱盖能发出"咔嗒"声，并能自由转动。

2. 燃油管路和接头的检查

检查燃油管是否出现老化、开裂等现象；接头密封是否良好，有无渗漏；确保所有固定夹工作可靠；软管无老化变形、龟裂及渗漏，若存在裂纹，应进行更换。

3. 燃油滤清器的检查

外置燃油滤清器一般安装在汽车底盘上，因此检查燃油滤清器需要举升车辆，在车底进行；置于油箱内部的燃油滤清器，一般被认定为终生免维护零件。

检查燃油滤清器前，用干净抹布擦净燃油滤清器进、出油管接口处的杂物，然后检查油管接头是否安装良好，油管和油管的外表面是否出现划痕或破裂等不正常情况，检查油管接头是否有渗漏现象。

【技术要求】

（1）燃油系各连接应紧固，衬垫良好，不漏油。

（2）汽油泵工作正常，管路畅通，无凹陷、裂损，接头不漏。

项目四 底盘维护保养实训

【实训目的】

掌握汽车底盘维护作业规范，能够完成对离合器、变速器、转向器、转向传动机构、制动系统、车轮等的维护作业。

【实训要求】

（1）能独立熟练、正确地按要求进行汽车底盘各项目的维护保养操作。

（2）能正确选择、使用工具和仪器。

【实训教具和设备】

（1）实训车辆；

（2）举升机；

（3）实训室各类保修检测设备及工具。

【维护作业】

实训一 传动系的维护保养

任务一 离合器的维护保养

【实操步骤】

1. 离合器操纵机构的检查与维护

（1）检查离合器输油胶管有无破损、漏油、老化，若有，应更换油管。

（2）检查离合器储液罐液面高度是否在最高刻度和最低刻度之间，如图 4-1 所示，如果低于"min"的标记，则应补加，并要进一步检查离合器液压操纵机构是否有渗漏部位存在。

（3）踩下踏板，检查踏板是否回弹无力、有无异响噪声、是否过度松动，感觉踏板是否沉重。

2. 离合器踏板高度的检查

用直尺测量由地板到踏板上表面的距离，如图 4-2 所示，如与标准值不相符，应调整踏板的高度。离合器踏板高度的调整可以通过踏板后的限位螺栓进行。

图 4-1　离合器储液罐液面高度

图 4-2　离合器踏板高度的检查

3. 离合器踏板自由行程的检查

用直尺抵在驾驶室地板上，先测量踏板完全放松时的高度，如图 4-2 所示，再用手轻按踏板，当感到阻力增大时再测量踏板高度，如图 4-3 所示，两次测量的高度差即为踏板自由行程。如踏板自由行程与标准值不相符，应调整离合器主缸推杆的长度，如图 4-4 所示，先将主缸推杆锁紧螺母旋松，然后转动主缸推杆，从而调整踏板的自由行程，调解到标准值后再将锁紧螺母拧紧。

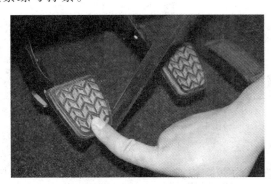

图 4-3　离合器踏板自由行程的测量

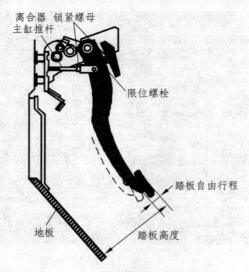

离合器 锁紧螺母
主缸推杆
限位螺栓
踏板自由行程
地板
踏板高度

图 4-4 离合器踏板自由行程的调整

【技术要求】

离合器踏板自由行程符合原厂规定。

任务二 手动/自动变速器的维护保养

【实操步骤】

1. 手动/自动变速器的检查

（1）齿轮油的渗漏检查

将车辆升至高位，检查手动/自动变速器壳配合表面、轴与拉索伸出的区域、前后油封、排放塞和加注塞有无漏油现象。

（2）手动变速器油位检查

从传动桥上拆卸油加注塞，将手指插入塞孔，检查油与手指的接触位置是否在规定范围内，如图 4-5 所示。

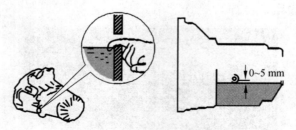

0~5 mm

图 4-5 手动变速器油位的检查

（3）自动变速器油位检查

自动变速器油位检查分为冷态检查（不行车、不走挡）和热态检查（行车后或走挡）两种；检查时要求车辆停在平地上，发动机达到正常的工作温度，此时油平面应分别在

AT 油标尺的冷态上、下两刻度线或热态上、下两刻度线之间，如图 4-6 所示，不足时及时添加。若油面过低，则油压不足而打滑；若油面过高，会产生气泡，则同样打滑。

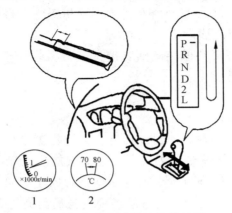

图 4-6　自动变速器油位的检查

【技术要求】

新车在拆下加注塞后，手动变速器油位与加注口持平；正常使用的车辆，手动变速器油位应低于加注口 0 ~ 5 mm。

2. 更换手动变速器油

启动车辆，运转或行驶一定距离，使变速器齿轮油升温，趁着齿轮油还处在温热状态时，拧下加注口塞 1、排放塞 2 和两个垫片，如图 4-7 所示，排放出齿轮油，将油排放干净后，安装新垫片并使用规定扭矩拧紧排放塞，然后从注入口加注规定量且符合要求的新齿轮油，使用新垫片重新拧紧加注口塞。

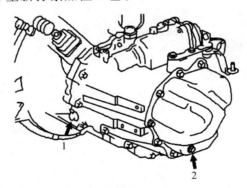

图 4-7　更换手动变速器油

1—加注口塞；2—排放塞

3. 更换自动变速器油

自动变速器油又称 ATF 油，当达到换油周期或质量变化之后，应更换 ATF 油。

（1）车辆运行至自动变速器达到正常工作温度 70 ~ 80 ℃ 后停车熄火。

（2）拆下自动变速器油底壳上的放油螺塞，将油底壳内的液压油放净。带有溢流管的将溢流管拆下。

（3）拆下油底壳，将油底壳清洗干净。有些自动变速器的油底壳上的放油螺塞为磁性螺塞，也有些自动变速器在油底壳内专门放置一块磁铁，以吸附铁屑。清洗时，必须将螺塞或磁铁上的铁屑清洗干净后方可放回。

（4）拆下自动变速器液压油散热器油管接头，用压缩空气将散热器内的残余液压油吹出，再接好管接头。

（5）装好管接头和放油螺塞。

（6）从自动变速器加油口加入规定牌号和数量的液压油。

（7）启动发动机，检查自动变速器油面高度。要注意由于新加入的油液温度较低，油面高度应在油尺刻线的下限附近。如过低，应继续加油至规定的油面高度。

（8）让汽车行驶至发动机和自动变速器达到正常的工作温度，再次检查油面高度是否在油尺刻线的上限附近。如过低，应继续加油直至满足规定要求为止。

（9）如果不慎加入液压油过多，使油面高于规定的高度，切不可继续使用，应把油放掉一些。

按上述方法换油时，变矩器内的液压油是无法放出的。若液压油严重变质，必须全部更换时，可先按上述方法换油，然后让汽车行驶约 5 min 后再次换油。

实训二　转向系的维护保养

任务一　转向器的检查

【实操步骤】

转向器与转向盘是直接连接的，因此转向器的检查是通过转向盘的自由行程来实现。

拉动转向盘，上下应无间隙，且转动灵活，否则应通过增减转向器上（下）盖内的调整垫片，使之符合要求。

检查转向器润滑油液面，不足时予以补充。检查紧固转向器上的所有螺栓、螺母及转向器和车架的连接螺栓。

检查并调整转向盘的自由行程。

1. 检查转向盘的自由行程

方法有两种：一种是用自由行程检查刻度盘检查，另一种是用直尺检查。

（1）用自由行程检查刻度盘检查转向盘的自由行程

检查转向盘自由行程时，应使前轮处于直线行驶位置，装上自由行程检查刻度盘。将自由行程检查指针夹持在转向盘上，如图 4-8 所示，向左转动转向盘至自由行程检查刻度盘上测力扳手指示力为 10 N 时，将自由行程检查刻度盘指针调零，然后向右转动转向盘至指示力为 10 N 时，自由行程检查刻度盘上指针所划过的角度即为转向盘的自由转动量。

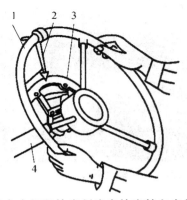

图 4-8　用自由行程检查刻度盘检查转向盘的自由行程

1—转向盘，2—自由行程检查指针，3—自由行程检查刻度盘，4—转向柱管

（2）用直尺检查转向盘的自由行程

转动转向盘，使前轮处于直线行驶位置，把直尺与转向盘的一辐条对齐，如图 4-9 所示，左右转动转向盘，当感觉转向轮将要转动时，记录转向盘转过的尺寸即为转向盘的自由行程。

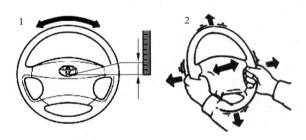

图 4-9　用直尺检查转向盘的自由行程

2. 调整转向盘的自由行程

转向盘自由行程的调整主要是检查与调整转向器，不同结构的转向器其调整方法不同。下面以循环球式转向器的调整为例进行介绍。

首先局部调整转动量，松开锁紧螺母，顺时针转动调整螺栓，使转向盘自由转动量符合规定，然后拧紧锁紧螺母。

若经过局部调整后转向盘自由转动量仍然很大，则应对转向器进行全面调整。先松开锁紧螺母，逆时针旋松调整螺栓。剔平锁片，松开锁紧螺母，顺时针方向缓慢转动调节螺母，直到转向螺杆轴止推轴承没有轴向间隙时，紧固螺母，锁好锁片。顺时针转动调整螺栓，使转向盘的自由转动量符合规定，拧紧锁紧螺母。

3. 检查动力转向液位

发动机怠速时，在保持汽车原地不动时转动转向盘数次，以便使转向液温度上升到 40～80 ℃，然后转动转向盘到中间位置，停止发动机，检查储液罐中的液位是否处于规定范围，如图 4-10 所示，不足时予以补充。检查发动机运行和停止时的液位差是否在 5 mm 以内。同时检查液体是否起泡或乳化，且检查液体是否存在渗漏情况。

动
力
转
向
油
储
油
罐

图 4-10 动力转向油位的检查

任务二 转向传动机构的检查

【实操步骤】

（1）用十字轴万向节连接的转向传动机构，应检查各万向节和滑动叉，无明显间隙可不拆检。如有明显间隙和严重磨损，须拆检十字轴万向节。

（2）用清洗油清洗金属零件和轴承，用压缩空气吹干。

（3）检查十字轴与轴承，不得有严重磨损，其配合间隙不得大于 0.25 mm；检查传动轴，不得有裂纹，螺纹不得有损伤；检查万向节叉、滑动叉不得有裂纹和磨损。

（4）检查转向传动轴与万向节花键槽的配合，不得有明显的松旷；检查转向柱管支架紧固螺栓，不得有裂纹和松动。经检查有严重磨损、裂纹和变形的零件，应予以更换。

（5）拧紧所有螺栓。

任务三 直、横拉杆的检查和调整

【实操步骤】

与非独立悬架配用的转向传动机构主要包括转向摇臂、转向直拉杆、转向节臂和转向梯形。在前桥仅为转向桥的情况下，由转向横拉杆和左、右梯形臂组成的转向梯形一般布置在前桥之后。当转向轮处于与汽车直线行驶相应的中立位置时，梯形臂与横拉杆在与道路平行的平面（水平面）内的交角要 > 90°。转向直拉杆的作用是将转向摇臂传来的力和运动传给转向梯形臂（或转向节臂）。

1. 直、横拉杆的球头检查

一人在车上左右来回大幅度地转动转向盘，一人在车下分别观察直、横拉杆的球头销连接处，如果球头销有明显的上下窜动，即表明该球头销连接处松旷。

2. 直、横拉杆的球头调整

可用拧紧螺栓的办法调整球头销与球头碗的配合松紧度。先将螺栓拧紧，使球头碗夹紧球头销；然后再使螺栓退出少许，使球头销既能扳动又有一定的预紧力（一般将螺栓拧紧后再退出 1/5 ~ 1/3 圈）；然后对准开口销孔，穿上开口销。若螺栓拧紧后而球头销仍未能夹紧，可能是球头碗严重磨损，也可能是弹簧折断或弹簧太软，应更换新件后再进行调整。调整后，要注上通用锂基 2 号润滑脂。

横拉杆端头的拆装，其步骤如下：

（1）拆下蓄电池搭铁线。

（2）将汽车举起并可靠地支撑起来。

（3）拆下汽车前轮。

（4）从横拉杆端头的槽顶螺母上拆下开口销并将其报废，旋下槽顶螺母。

（5）旋松横拉杆端头的锁紧螺母。

（6）使用横拉杆端头拆卸工具将横拉杆端头从转向节上拆下。

（7）将横拉杆端头从横拉杆上旋下，记住横拉杆端头的旋转圈数或做上锁紧螺母安装位置记号，以便按原位置安装。

（8）清洁横拉杆上的螺纹，在螺纹上涂以少许润滑脂。

（9）安装横拉杆端头时，如果横拉杆端头螺母已拆下，应装上锁紧螺母。

（10）旋入横拉杆端头到横拉杆上，保证旋入长度与拆卸时相同。以 $34 \sim 49\,\text{N·m}$ 的力矩拧紧锁紧螺母。

（11）将横拉杆端头球头销装到转向节上，确保球头销防尘罩良好。

（12）将槽顶螺母装到横拉杆销上，以 $34 \sim 46\,\text{N·m}$ 的力矩拧紧锁紧螺母，然后使螺母顶部的下一个槽与球头销上的开口销孔对正，安装一个新的开口销。

（13）安装车轮，以 $88 \sim 118\,\text{N·m}$ 的力矩拧紧锁紧螺母。

（14）放下汽车。

（15）检查前轮前束，根据需要进行调整。

（16）以 $34 \sim 49\,\text{N·m}$ 的力矩拧紧横拉杆锁紧螺母。

（17）对汽车进行路试。

【技术要求】

（1）转向盘自由转动应符合规定，转向轻便、灵活、无卡滞和漏油现象。

（2）转向垂臂及转向节无弯曲及裂纹，所有螺栓连接可靠。

实训三　制动系统的维护保养

任务一　制动液位及制动管路的检查

【实操步骤】

（1）将车辆停至低位，检查制动总泵储液罐中的液位是否在最高线（max）和最低线（min）之间，如图 4-11 所示。

（2）检查制动总泵是否有渗漏。

（3）检查发动机舱制动管路是否有制动液渗漏。

（4）检查发动机舱制动软管和管道是否有裂纹和老化。

（5）底盘制动管路的检查，将车辆升至高位。

① 检查制动管路连接部分是否有液体渗漏；检查制动管路是否有凹痕或者其他损坏，检查制动软管是否扭曲、磨损、开裂、隆起等。

② 检查制动管道和软管，确保车辆运动，或者方向盘完全转动到任何一侧时，不会因为振动而与车轮或车身接触。

图 4-11　制动液位的检查

任务二　制动踏板的检查

【实操步骤】

1. 检查制动踏板的工作状况

检查制动踏板反应是否灵敏，踏板能否完全踩下，是否存在异常噪声、是否存在过度松动等故障。

2. 检查制动踏板的高度

用直尺测量在自然状态下，制动踏板上表面到地板表面之间的距离，如图 4-12 所示，高度范围可查阅相关车型的维修手册。如果超出规定范围，则应调整制动踏板的高度，如图 4-13 所示，制动踏板高度调整步骤如下：

（1）松开锁止螺母。

（2）转动踏板推杆直到踏板高度正确。

（3）紧固锁止螺母。

（4）调整好踏板高度后，检查踏板的自由行程。

3. 检查制动踏板的自由行程

当发动机停止转动后，连续踩下制动踏板多次（对于配备了液压制动助力器的车辆，至少要踩下制动踏板 40 次），解除制动助力器后，如图 4-14 所示，用手指轻轻按压制动踏板，并使用直尺测量制动踏板的自由行程。自由行程范围可查阅相关车型维修手册。

图 4-12　检查制动踏板的高度

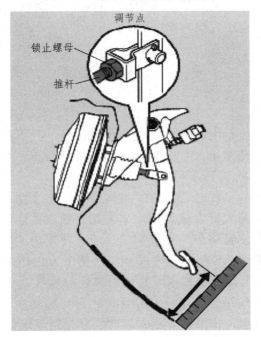

图 4-13　调整制动踏板的高度

图 4-14　检查制动踏板的自由行程

4. 检查制动踏板的行程余量

　　启动发动机，释放驻车制动器，用力踩下制动踏板，然后用直尺测量踏板行程余量，行程余量范围可查阅相关车型维修手册。

任务三　制动助力器的检查

【实操步骤】

（1）发动机停机后，连续踩下制动踏板数次，要求制动踏板高度应无变化，且无异响；踩下制动踏板后，启动发动机，制动踏板继续下沉为正常。

（2）启动机启动后，运转 1~2 min 然后停下，观察是否在制动踏板每次踩下后，踏板返回距离越来越大。

（3）启动发动机，制动踏板踩下并保持 30s 后停止发动机，如果踏板高度没有变化，则表示制动助力室中的真空压力没有泄漏。

任务四　更换制动液

【实操步骤】

（1）放出旧制动液，启动发动机并保持其怠速运转。拧下制动储液罐的加油口盖。拧松放气阀，连续踩下制动踏板，直到制动液不再流出为止。拧紧放气阀，然后向储液罐内加入足量的同种制动液。

（2）排放液压管路内的空气时，应按"由远及近"的原则，按制动管路分布情况对各轮缸进行放气作业，由两人配合进行，一个人在驾驶室内连续踩动制动踏板，此时，车下另一人拧松放气阀，使管路中的空气和制动液一同排出。踏板位置降低时，立即拧紧放气阀，如此反复多次，直到塑料管内没有气泡排出为止，如图 4-15 所示。然后扭紧放气阀并装好防尘套，按上述方法依次对其他轮缸进行放气。

（3）在排气时应一边排除空气，一边检查和补充制动液，以免空气重新进入制动管路，直到完全排放干净为止，并将储液罐的制动液补充到规定位置。

图 4-15　排放液压管路内的空气

【技术要求】

制动液质量和数量要符合原厂规定。

任务五　盘式制动器的检查

【实操步骤】

1. 拆卸车轮

将车辆升至中位，使用气动扳手按交叉顺序拆卸车轮螺母，如图 4-16 所示，拆下车轮并放置在轮胎架上。

图 4-16　拆卸车轮

2. 制动盘磨损和损伤的检查

（1）拆下制动卡钳螺栓，用线将制动卡钳吊起；取下制动器摩擦片，拆卸过程中不要将软管从制动卡钳上断开。

（2）检查制动盘上是否有刻痕、不均匀、异常磨损以及裂纹和其他损伤。如果制动盘出现任何分段、不均匀、异常磨损、裂纹或者其他损坏，应予以更换。

3. 制动盘厚度检查

如图 4-17 所示，使用外径千分尺测量制动盘厚度。注意测量位置应为制动器摩擦片的工作位置，且应在测量位置直接读取测量结果。确保制动盘厚度没有不均匀磨损。如果制动盘的厚度低于磨损极限，则应更换制动盘。

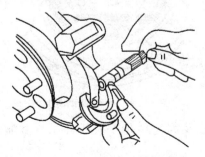

图 4-17　制动盘厚度的测量

4. 制动盘圆跳动的检查

如图 4-18 所示，用轮毂螺母临时固定制动盘，使用磁性表座和百分表测量制动盘的圆跳动量，在距离制动盘边缘约 10 mm 处进行测量，旋转制动盘，观察百分表的跳动情况，制动盘圆跳动量不超过 0.05 mm，超过范围则应更换。

图 4-18　制动盘圆跳动的测量

任务六　鼓式制动器的检查

【实操步骤】

1. 拆卸制动鼓

依次拆下轮辋装饰罩、车轮螺栓、油杯、锁销、大螺母，取下制动鼓。注意制动鼓拆下后，不要踩下制动踏板。

2. 检查制动蹄片及其上面滑动的背板区域的磨损

（1）如图 4-19 所示，手动前后移动制动蹄片，检查制动蹄片移动是否平顺。

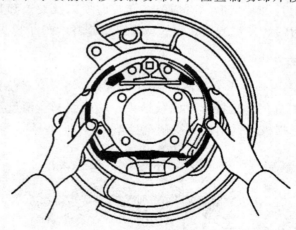

图 4-19　检查制动蹄片

（2）检查制动蹄片和背板及固定件是否有锈蚀；检查制动蹄片和背板及固定件之间接触表面是否磨损。

3. 制动摩擦片的检查

（1）测量制动摩擦片的厚度。如图 4-20 所示，使用一把直尺测量制动器摩擦片的厚度，测量值大于 1 mm 即可。

图 4-20 测量制动摩擦片厚度

（2）检查制动摩擦片是否有裂纹、蜕皮和损坏。

4. 检查车轮制动分泵

检查车轮制动分泵中是否有液体渗漏。

5. 制动鼓的检查

（1）检查制动鼓是否有任何磨损和损坏。

（2）测量制动鼓内径。如图 4-21 所示，使用制动鼓测量规或游标卡尺测量制动鼓内径。

图 4-21 制动鼓内径的测量

任务七 驻车制动器的维护

【实操步骤】

（1）目视检查驻车制动器操纵杆，应无变形损伤，如图 4-22 所示。

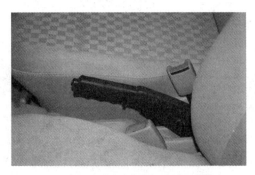

图 4-22 驻车制动器操纵杆的检查

（2）将点火开关位于"ON"挡时，拉起驻车制动操纵杆，仪表板上驻车警示灯应亮起；放下驻车制动操纵杆时，警示灯应熄灭。

（3）驻车制动器预定行程的检查。用大约 197 N 的力缓慢拉起驻车制动器操纵杆，驻车制动杆行程在预定的槽数内（拉动时可以听到"咔嗒"声）。标准要求是 6~8 响。

（4）检查驻车制动器棘爪的锁定性能。将变速换挡杆置入空挡位置，然后将车举起离地面一定的高度（不低于 20 cm），拉起驻车制动器的操纵杆，然后转动后两车轮，后车轮应无法转动，说明棘爪的锁止性能可靠。

实训四　行驶系统的维护保养

任务一　车轮的维护保养

【实操步骤】

一、轮胎的检查

（1）将车辆升至中位，使用气动扳手按交叉顺序拆卸车轮螺母，如图 4-23 所示，然后拆卸车轮。

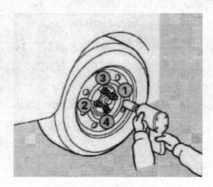

图 4-23　拆卸车轮

（2）如图 4-24 所示，检查轮胎胎面和胎侧是否有裂纹、割痕或其他损坏；检查轮胎的胎面和胎壁是否嵌入金属颗粒、石子或者其他外物。

图 4-24　胎面和胎壁的检查

（3）如图 4-25 所示，使用一个轮胎深度规或游标卡尺测量轮胎的胎面沟槽的深度。同时可以通过观察轮胎表面的胎面磨耗指示标记，也很容易地检查胎面深度。

图 4-25 胎面沟槽深度检查

（4）检查车胎的整个外围是否有均匀磨损或者阶段磨损。

（5）检查轮胎气压。如图 4-26 所示，应用胎压表检查轮胎气压；检查轮胎气压后，在气门周围涂肥皂水检查是否漏气。

图 4-26 胎压的检查

（6）检查轮辋。检查轮辋是否损坏、腐蚀、变形和跳动。

（7）轮胎换位。根据车辆类型，按如图 4-27 所示的方法进行轮胎换位。

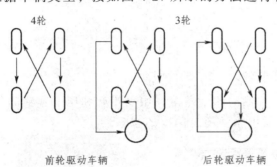

前轮驱动车辆   后轮驱动车辆

图 4-27 轮胎换位

（8）车轮安装。使用轮胎扳手，先按照交叉顺序以较小的力矩安装车轮螺栓；将车辆降至低位，轮胎触及地面，使用定力矩扳手按照交叉顺序将螺母上紧至规定的力矩。

二、车轮轴承检查

1. 摆动检查

将一只手放在轮胎上面，而另一只手放在轮胎下面，如图 4-28 所示，紧紧地推拉轮胎以便检查是否有任何摆动。如果出现摆动，请人配合踩下制动踏板再次检查其行程。此时没有更大的摆动，应该是车轮轴承损坏；仍然摆动，则是球节、主销或者悬架有故障。

图 4-28　车轮的检查

2. 转动状况和噪声检查

用手转动轮胎以便检查其是否能够无任何噪声地平稳转动。

任务二　悬架系统的检查与维护

【实操步骤】

一、目测检查车身的倾斜情况

将车辆停于水平地面上，确认轮胎气压正常，以及乘员舱和行李舱没有多余重物，然后振动几次车辆的前部和后部，以使悬架系统处于稳定状态。目测检查车辆的前、后、左、右是否有高度异常。

二、检查减振器

1. 检查减振器的减振效果

如图 4-29 所示，在车辆的四个角落，用手抬起和压下车辆的每个角来回 3 次，然后将双手从车辆上移开，找出振动超过两次的减振器。

2. 目测检查螺旋弹簧是否损坏

同车轴两侧的螺旋弹簧长度应基本一致，没有裂纹或断裂，没有严重的锈蚀痕迹，如图 4-30 所示。如有，则应同时更换同轴左右两个螺旋弹簧，以保持车辆左右两侧的高度相同。

图 4-29　检查减振器的减振效果

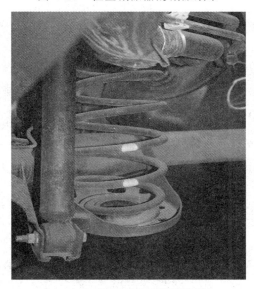

图 4-30　目测检查减振器弹簧

3. 目测检查减振器下端是否损坏

减振器下端应安装稳固，没有裂纹和严重锈蚀痕迹。

4. 目测检查减振器是否损坏

检查减振器活塞杆上端的橡胶防尘保护套应完好无开裂；支柱表面应无凹陷、裂纹和严重锈蚀，若有，应更换。

5. 目测检查减振器是否漏油

减振器在工作过程中，高温油液蒸发的油雾会附着于筒壁周围，道路上的泥土会黏附其上形成一层"油泥"，或者在减振器的外表面附有轻微的油迹，都属于正常现象，不必更换。如果筒上不仅有油泥，而且还有油渍或油滴，则可认为减振器油液渗漏，应及时更换减振器总成。

三、检查悬架连接杆各球节间隙

检查悬架连接杆各球节间隙是否出现松旷，橡胶保护套是否损坏。球节在纵向和横向上都应该没有间隙，如果出现间隙，应及时更换球节。

四、检查横向稳定杆

目测检查横向稳定杆有无弯曲变形。若存在变形或裂纹，只能更换新件，不允许在前悬架支承装置和导向装置部件上进行焊接和矫直修复；检查横向稳定杆的橡胶支座和橡胶衬套，若衬套损坏和老化，应及时更换。

项目五　电器设备保养实训

【实训目的】

掌握汽车电器维护作业项目，能完成蓄电池、发电机、起动机的维护作业，能进行空调系统的维护。

【实训要求】

（1）能独立熟练、正确地按要求进行汽车电器各项目的维护保养操作。

（2）能正确选择、使用工具和仪器。

【实训教具和设备】

（1）实训车辆；

（2）举升机；

（3）实训室各类保修检测设备及工具。

【维护作业】

实训一　充电系统的维护

任务一　蓄电池的检查与维护

【实操步骤】

一、蓄电池外观检查

（1）检查蓄电池壳体是否有裂纹或者渗漏。

（2）检查蓄电池端子是否腐蚀。

（3）检查蓄电池端子导线是否松动。

（4）检查蓄电池的通风孔塞是否损坏或者通风孔是否阻塞。

二、电解液液位的检查

检查蓄电池各个单元的液位是否处于上限和下限之间。如果很难确定电解液液位，则通过轻轻摇晃汽车检查。同时可以通过拆卸一个通风孔塞，并从该开口观察电解液液位。需要加水时，使用蒸馏水。有一些蓄电池可以通过检查蓄电池指示灯颜色状况，检查蓄电池电解液面是否处于上限与下限之间。一般情况下，蓝色表示电解液液位正常，红色表示电解液液位不足，白色表示需要充电。

【技术要求】

蓄电池壳体无开裂和损坏，通气孔畅通，电柱夹头清洁、牢固，电解液液面高出极板 10 ~ 15 mm。

任务二　交流发电机的检查与维护

【实操步骤】

（1）发电机皮带的检查。

检查发电机 V 带不得有破损、脱层和裂纹现象；检查紧固发电机支架的固定螺栓。汽车行驶一定里程后，适当调整发电机皮带的松紧度。

（2）发电机电刷的检查。

检查电刷接触情况，接触面不平，可用细砂布打平；检查弹簧压力，弹簧弹性不足时，须更换新件；检查电刷磨损，磨损超过基本尺寸的 1/2 时，须更换新件；检查电刷支架绝缘体应无损坏，若有损坏，需要另配新件。

（3）发电机极柱的检查。

检查发电机极柱应无松动，若有松动，必须马上紧固，如果是绝缘不良，应拆下进行修整。

（4）发电机上的防尘圈要牢固，不应去掉不用，以防尘埃进入内部，造成机件故障。

（5）要经常清洁检查各电线，保持其干燥、没有裂纹、裸露线芯现象。

实训二　汽车灯光系统的维护

【实操步骤】

1. 检查灯光、信号和线束

（1）检查、调整灯光和信号显示装置，如果发现损坏，及时修复。

（2）检查、紧固全车线路。

（3）检查全车线路接头，要求干净、整齐、连接可靠。

（4）检查全车线路的绝缘层。如有破损，可用胶布包裹好，破损较多的导线，应予以更换。

（5）检查全车线束固定情况。卡子应齐全，固定可靠，无松动。

2. 检查报警信号灯

检查各报警信号灯、传感器及连线，均应完好无损，发现损坏或显示异常应及时修理，以确保行车安全。

3. 检查全车灯光情况

两个人配合检查前照灯、转向灯、示宽灯、制动灯等灯光装置。检查时，先打开灯光开关，依次检查全车各部位的灯光，踩下制动踏板查看制动灯情况。发现不亮现象应予以排除。常见的灯光不亮故障多为灯泡烧毁或熔丝烧断所致，更换灯泡或熔丝即可排除故障。

【技术要求】

（1）各报警信号灯、传感器及连线应完好无损。

（2）前照灯、转向灯、示宽灯、制动灯工作正常，大灯光束符合 GB 7258—2017《机动车运行安全技术条件》的要求。

实训三　汽车空调系统的检查与维护

【实操步骤】

（1）经常清洁、定期更换空调滤清器，才能保持良好的空气调节质量。一般情况下每 5 000 km 或 3 个月（以先到者为准）对空调滤清器进行一次清洁，每 200 000 km 或 12 个月（以先到者为准）更换空调滤清器。经常清洁出风口和驾驶室内的灰尘与污垢，如图 5-1 所示。

图 5-1　汽车空调出风口、滤清器的清洁

（2）检查空调有无不正常的噪声和异常气味。

（3）检查压缩机进、排气口处温差是否正常。

（4）检查制冷系统软管外观是否正常，各接头处连接是否牢靠。检查制冷系统管路是否与其他零部件相碰，各接头处是否有渗漏的油迹。如发现渗漏，应及时解决。

（5）检查制冷系统电路连接是否牢靠，是否有断路脱接现象。

（6）检查压缩机皮带是否良好。如果皮带表面与带轮槽接触侧面光亮，并且启动空调时有"吱吱"的噪声，说明皮带打滑严重，应及时更换皮带和带轮；如果皮带过松应给予调整，否则易使空调系统制冷不良。

（7）经常清洁冷凝器。在雨中或泥泞路段行驶后，应检查冷凝器风扇是否有泥沙、石块。若有，应及时清理。

（8）定期检查空调系统制冷剂的液面高度是否正常。通过干燥器的窥视孔（观察窗）检查。玻璃窥视孔通常安装在干燥器的盖子上面，运转发动机和空调系统，透过玻璃窥视孔观察制冷剂的流动情况，如果空调工作正常，应从窥视孔内看到清澈的冷冻液在不停地流动，并且在高温时还偶尔夹带着小气泡，在关掉空调系统时能够看见小的气泡。

【技术要求】

（1）整个系统无漏油痕迹，制冷剂剂量合适。
（2）空调系统工作正常。
（3）冷暖风机运行正常。

实训四　汽车雨刮系统的维护

【实操步骤】

（1）雨刮的动作测试检查，喷出一些清洗液，然后开动雨刮，注意它的动作是否流畅，留心听是否有较大的声音，如有，表示雨刮过分压向玻璃，必须做出适当的调校。当雨刮扫完 1~2 下之后，观察是否有水分留在挡风玻璃上，同时观察是否会留下一些划痕，如果很明显地见到划痕，表示雨刮上的刮水胶条已经老化，应更换新的胶条。

（2）在汽车美容过程中，用玻璃清洗液擦拭雨刮条，定期添加专用雨刮水，避免雨刮条出现干刮现象。

附 录

附录一 汽车仪表指示灯图解

汽车仪表指示灯图解如表 1 所示。

表 1 汽车仪表指示灯图解

指示灯	图 例	说 明
ABS 指示灯		该指示灯用来显示 ABS 工作状况。当打开钥匙门，车辆自检时，ABS 灯会点亮数秒，随后熄灭。如果未闪亮或者启动后仍不熄灭，表明 ABS 出现故障
电子油门指示灯		常见于大众品牌车型中。当打开钥匙门，车辆开始自检时，EPC 灯会点亮数秒，随后熄灭。如车辆启动后仍不熄灭，说明车辆机械与电子系统出现故障
O/D 挡指示灯		该指示灯用来显示自动挡的 O/D 挡（Over-Drive）的工作状态，当 O/D 挡指示灯闪亮时，说明 O/D 挡已锁止。此时加速能力获得提升，但会增加油耗
TCS 指示灯		该指示灯是用来显示车辆 TCS（牵引力控制系统）的工作状态，多出现在日系车上。当该指示灯点亮时，说明 TCS 系统已被关闭
VSC 指示灯		该指示灯是用来显示车辆 VSC（电子车身稳定系统）的工作状态，多出现在日系车上。当该指示灯点亮时，说明 VSC 系统已被关闭
安全带指示灯		该指示灯用来显示安全带是否处于锁止状态，当该灯点亮时，说明安全带没有及时扣紧。有些车型会有相应的提示音。当安全带被及时扣紧后，该指示灯自动熄灭
玻璃水指示灯		该指示灯是用来显示车辆所装玻璃清洁液的多少，平时为熄灭状态，该指示灯点亮时，说明车辆所装载玻璃清洁液已不足，需添加玻璃清洁液。添加玻璃清洁液后，指示灯熄灭

指示灯	图例	说明
刹车盘指示灯		该指示灯是用来显示车辆刹车盘的磨损状况。一般情况下，该指示灯为熄灭状态，当刹车盘出现故障或磨损过度时，该灯点亮，修复后熄灭
车门指示灯		该指示灯用来显示车辆各车门状况，任意车门未关上或者未关好，该指示灯都会点亮相应的车门指示灯，提示车主车门未关好，当车门关闭或关好时，相应车门指示灯熄灭
蓄电池指示灯		该指示灯用来显示蓄电池的使用状态。当打开钥匙门，车辆开始自检时，该指示灯点亮。启动后自动熄灭。如果启动后蓄电池指示灯常亮，说明该蓄电池发生故障，需要更换
发动机指示灯		该指示灯用来显示车辆发动机的工作状况，当打开钥匙门，车辆自检时，该指示灯点亮后自动熄灭。如常亮则说明车辆的发动机出现了机械故障，需要维修
机油指示灯		该指示灯用来显示发动机内机油的压力状况。当打开钥匙门，车辆开始自检时，指示灯点亮，启动后熄灭。该指示灯常亮，说明该车发动机油压力低于规定标准，需要维修
内循环指示灯		该指示灯是用来显示车辆空调系统的工作状态，平时为熄灭状态。当点亮内循环按钮，车辆关闭外循环，空调系统进入内循环状态时，该指示灯自动点亮。内循环关闭时熄灭
气囊指示灯		该指示灯用来显示安全气囊的工作状态，当打开钥匙门，车辆开始自检时，该指示灯自动点亮数秒后熄灭。如果常亮，则说明安全气囊出现故障
示宽指示灯		该指示灯是用来显示车辆示宽灯的工作状态，平时为熄灭状态，当示宽灯打开时，该指示灯随即点亮。当示宽灯关闭或者关闭示宽灯打开大灯时，该指示灯自动熄灭
手刹指示灯		该指示灯用来显示车辆手刹的状态，平时为熄灭状态。当手刹被拉起后，该指示灯自动点亮。手刹被放下时，该指示灯自动熄灭。有的车型在行驶中未放下手刹会伴随有警告音

续表

指示灯	图 例	说 明
水温指示灯		该指示灯用来显示发动机内冷却液的温度，当钥匙门打开，车辆自检时，会点亮数秒后熄灭。水温指示灯常亮，说明冷却液温度超过规定值，需立刻暂停行驶。水温正常后熄灭
雾灯指示灯		该指示灯是用来显示前、后雾灯的工作状况，当前、后雾灯点亮时，该指示灯相应的标志就会点亮。关闭雾灯后，相应的指示灯熄灭
油量指示灯		该指示灯用来显示车辆内储油量的多少，当钥匙门打开，车辆进行自检时，该油量指示灯会短时间点亮，随后熄灭。如启动后该指示灯点亮，则说明车内油量已不足
远光指示灯		该指示灯是用来显示车辆远光灯的状态。通常情况下该指示灯为熄灭状态。当车主点亮远光灯时，该指示灯会同时点亮，以提示车主车辆的远光灯处于开启状态
转向灯指示灯		该指示灯用来显示车辆转向灯所在的位置，通常为熄灭状态。当车主点亮转向灯时，该指示灯会同时点亮相应方向的转向指示灯，转向灯熄灭后，该指示灯自动熄灭

附录二　汽车车内功能按键图解

汽车车内功能按键图解如表 2 所示。

表 2　汽车车内功能按键图解

功能键	图　例	说　明
ESP 开关键	**ESP**	该按键用来打开或关闭车辆的 ESP 系统。车辆的 ESP 系统默认为工作状态，为了享受更直接的驾驶感受，车主可以按下该按键关闭 ESP 系统
倒车雷达键	P))) △	该按键用来根据车主需要打开或关闭车上的倒车雷达系统。驾驶员可以按下该按钮手动控制倒车雷达的工作。在倒车时手动关闭倒车雷达，或是手动开启倒车雷达
后遮阳帘键	SHADE	该按键用来控制车内电动后遮阳帘的打开与关闭。在装有电动后遮阳帘的车内，车主可以通过按下这一按键打开或是开启后窗的电动遮阳帘，用来遮挡阳光
前大灯清洗键		该按键用来控制前大灯的自动清洗功能。在装有前大灯清洗的车辆上，车主可以通过按下这一按键开启前大灯清洗装置，对车辆的前大灯进行喷水清洗
油箱开启键		该按键用来在车内遥控开启油箱盖。装有该按键的车辆，驾驶员可以通过这一按键将油箱盖子从车内打开。不过油箱的关闭需要在车外手动控制
中控锁键		该按键是车辆中控门锁的控制按钮。车主可以通过按下该按钮，同时打开或是关闭各车门的门锁，也可以单独关闭某一个开启的车门，有效地保证了车内人员的安全

附录三　交通指示标志图解

交通指示标志图解如表 3 所示。

表 3　交通指示标志图解

指示标志	图　例	说　明
向左转弯		表示只准一切车辆向左转弯。此标志设在车辆必须向左转弯的路口以前适当位置
向右转弯		表示只准一切车辆向右转弯。此标志设在车辆必须向右转弯的路口以前适当位置
向左和向右转弯		表示只准一切车辆向左或向右转弯。此标志设在车辆必须向左或向右转弯的路口以前适当位置
靠左侧道路行驶		表示只准一切车辆靠左侧道路行驶。此标志设在车辆必须靠左侧行驶的路口以前适当位置
靠右侧道路行驶		表示只准一切车辆靠右侧道路行驶。此标志设在车辆必须靠右侧行驶的路口以前适当位置
直行		表示只准一切车辆直行。此标志设在直行的路口以前适当位置
直行和向左转弯		表示只准一切车辆直行或向左转弯。此标志设在车辆必须直行或向左转弯的路口以前适当位置

指示标志	图　例	说　明
直行和向右转弯		表示只准一切车辆直行或向右转弯。此标志设在车辆必须直行或向右转弯的路口以前适当位置
立交直行和左转弯行驶		表示车辆在立交处可以直行和按图示路线左转弯行驶。此标志设在立交左转弯出口处适当位置
立交直行和右转弯行驶		表示车辆在立交处可以直行和按图示路线右转弯行驶。此标志设在立交右转弯出口处适当位置
环岛行驶		表示只准车辆靠右环行。此标志设在环岛面向路口来车方向适当位置
机动车行驶		表示该车道供机动车行驶。此标志设在道路或车道的起点及交叉路口入口处前适当位置
非机动车行驶		表示该车道供非机动车行驶。此标志设在道路或车道的起点及交叉路口入口处前适当位置
步行		表示该街道只供步行。此标志设在步行街的两端
鸣喇叭		表示机动车行至该标志处必须鸣喇叭。此标志设在公路的急转弯处、陡坡等视线不良路段的起点

指示标志	图　例	说　明
最低限速	**50**	表示机动车驶入前方道路的最低时速限制。此标志设在高速公路或其他道路限速路段的起点
直行车道	↑	表示车道的行驶方向。此标志设在导向车道以前适当位置
右转车道	⤴	表示车道的行驶方向。此标志设在导向车道以前适当位置
直行和右转合用车道	↑→	表示车道的行驶方向。此标志设在导向车道以前适当位置
分向行驶车道	←↑→	表示车道的行驶方向。此标志设在导向车道以前适当位置
公交线路专用车道	🚌↓	表示该车道专供本线路行驶的公交车辆行驶。此标志设在进入该车道的起点及各交叉口入口处以前适当位置
机动车车道	🚗↓	表示该车道只供机动车行驶。此标志设在该车道的起点及交叉路口和入口前适当位置。在标志无法正对车道时，可以不标注箭头
非机动车车道	🚲↓	表示该车道只供非机动车行驶。此标志设在该车道的起点及交叉路口和入口前适当位置。在标志无法正对车道时，可以不标注箭头
人行横道	🚶	表示该处为专供行人横穿马路的通道。此标志设在人行横道的两侧

指示标志	图 例	说 明
干路先行		表示干路先行。此标志设在车道以前适当位置
会车先行		表示会车先行。此标志设在车道以前适当位置
单行路直行		表示一切车辆单向行驶。此标志设在单行路的路口和入口处的适当位置
单行路向左或向右		表示一切车辆向左或向右单向行驶。此标志设在单行路的路口和入口处的适当位置
允许掉头		表示允许掉头。此标志设在允许机动车掉头路段的起点和路口以前适当位置

附录四　常用汽车保养周期表

表 4　朗逸保养周期表
全系

保养项目保养里程/km	首保7500	每7500	每15 000	每22 500	每30 000	每37 500	每45 000	每52 500	每60 000
更换机油	●	●	●	●	●	●	●	●	●
更换机油滤清器	●	●	●	●	●	●	●	●	●
更换空气滤清器			●		●		●		●
更换燃油滤清器					●				●
更换火花塞					●				●
清洗油路					●				●

以上车型保养数据仅供参考，请以汽车生产厂指导为准。

表 5　科鲁兹保养周期表
全系

保养项目保养里程/km		首保5000	每5000	每10 000	每15 000	每20 000	每25 000	每30 000	每35 000	每40 000
更换机油		●	●	●	●	●	●	●	●	●
更换机油滤清器		●	●	●	●	●	●	●	●	●
更换空气滤清器										●
更换空调滤清器						●				●
更换燃油滤清器						●				●
更换火花塞		60 000 km 首次保养，以后每 60 000 km 保养一次								
更换变速器油	手动	暂无保养周期数据								
	手自一体	160 000 km 首次保养，以后每 160 000 km 保养一次								

续表

保养项目保养里程/km	首保 5000	每 5000	每 10 000	每 15 000	每 20 000	每 25 000	每 30 000	每 35 000	每 40 000
更换冷却液		240 000 km 首次保养，以后每 240 000 km 保养一次							
更换制动液							●		
更换发动机正时套件		150 000 km 首次保养，以后每 150 000 km 保养一次							
更换离合器油							●		

表 6　腾翼 C30 保养周期表

全系

保养项目保养里程/km		首保 5000	每 8000	每 16 000	每 24 000	每 32 000	每 40 000	每 48 000	每 56 000	每 64 000
更换空气滤清器			25 000 km 首次保养，以后每 10 000 km 保养一次							
更换燃油滤清器			25 000 km 首次保养，以后每 5000 km 保养一次							
更换火花塞			40 000 km 首次保养，以后每 20 000 km 保养一次							
更换变速器油	CVT 无级变速		60 000 km 首次保养，以后每 60 000 km 保养一次							
	手动	●	间隔保养：每 50 000 km 保养一次							
更换制动液			40 000 km 首次保养，以后每 20 000 km 保养一次							
更换转向助力液			40 000 km 首次保养，以后每 20 000 km 保养一次							

以上车型保养数据仅供参考，请以汽车生产厂指导为准。

表 7　宝来保养周期表

全系

保养项目保养里程/km	首保 7500	每 15 000	每 30 000	每 45 000	每 60 000	每 75 000	每 90 000	每 105 000	每 120 000
更换空气滤清器			●		●		●		●
更换燃油滤清器			●		●		●		●
更换火花塞			●		●		●		●
更换变速器油					●				●
更换制动液		24 个月首次保养，以后每 24 个月保养一次							
更换发动机正时套件		80 000 km 首次保养，以后每 80 000 km 保养一次							

以上车型保养数据仅供参考，请以汽车生产厂指导为准。

表 8   途观保养周期表
全系

保养项目保养里程/km	首保 7500	每 7500	每 15 000	每 22 500	每 30 000	每 37 500	每 45 000	每 52 500	每 60 000
更换机油	●	●	●	●	●	●	●	●
更换机油滤清器	●	●	●	●	●	●	●	●
更换空气滤清器	25 000 km 首次保养，以后每 20 000 km 保养一次								
更换空调滤清器	25 000 km 首次保养，以后每 20 000 km 保养一次								
更换燃油滤清器	55 000 km 首次保养，以后每 60 000 km 保养一次								
更换火花塞	25 000 km 首次保养，以后每 20 000 km 保养一次								
更换变速器油	55 000 km 首次保养，以后每 60 000 km 保养一次								
更换冷却液	暂无保养周期数据								
更换制动液	暂无保养周期数据								
更换发动机正时套件	暂无保养周期数据								

以上车型保养数据仅供参考，请以汽车生产厂指导为准。

表 9   悦动保养周期表
全系

保养项目保养里程/km	首保 5000	每 5000	每 10 000	每 15 000	每 20 000	每 25 000	每 30 000	每 35 000	每 40 000
更换机油	●	●	●	●	●	●	●	●	●
更换机油滤清器	●	●	●	●	●	●	●	●	●
更换空气滤清器				●			●		
更换空调滤清器				●			●		
更换燃油滤清器	45 000 km 或 36 个月首次保养，以后每 45 000 km 或 36 个月保养一次								
更换火花塞	100 000 km 首次保养，以后每 100 000 km 保养一次								

续表

保养项目保养里程/km		首保 5000	每 5000	每 10 000	每 15 000	每 20 000	每 25 000	每 30 000	每 35 000	每 40 000
更换变速器油	手动	100 000 km 首次保养，以后每 100 000 km 保养一次								
	自动									●
更换冷却液		48 000 km 或 24 个月首次保养，以后每 40 000 km 或 24 个月保养一次								
更换制动液										●
更换发动机正时套件		90 000 km 或 72 个月首次保养，以后每 90 000 km 或 72 个月保养一次								
更换碳罐										●
轮胎换位				●		●		●		●
更换离合器油										●

以上车型保养数据仅供参考，请以汽车生产厂指导为准。

表 10 L3 保养周期表
全系

保养项目保养里程/km		首保 3000	每 5000	每 10 000	每 15 000	每 20 000	每 25 000	每 30 000	每 35 000	每 40 000
更换机油		●	●	●	●	●	●	●	●	●
更换机油滤清器		●	●	●	●	●	●	●	●	●
更换空气滤清器		13 000 km 首次保养，以后每 10 000 公里保养一次								
更换空调滤清器		13 000 km 首次保养，以后每 10 000 km 保养一次								
更换火花塞		33 000 km 首次保养，以后每 30 000 km 保养一次								
更换变速器油	CVT 无级变速	60 000 km 首次保养，以后每 60 000 km 保养一次								
更换冷却液		23 000 km 首次保养，以后每 20 000 km 保养一次								
更换制动液		43 000 km 首次保养，以后每 40 000 km 保养一次								
更换发动机正时套件		73 000 km 首次保养，以后每 70 000 km 保养一次								

以上车型保养数据仅供参考，请以汽车生产厂指导为准。

表 11　赛欧三厢保养周期表
全系

保养项目 保养里程/km	首保 5000	每 5000	每 10 000	每 15 000	每 20 000	每 25 000	每 30 000	每 35 000	每 40 000
更换机油	●	●	●	●	●	●	●	●	●
更换机油滤清器	●	●	●	●	●	●	●	●	●
更换空气滤清器			●		●		●		●
更换空调滤清器			●		●		●		●
更换燃油滤清器					●				●
更换火花塞							●		
更换制动液							●		

以上车型保养数据仅供参考，请以汽车生产厂指导为准。

表 12　一汽奥迪 A6L 保养周期表
全系

保养项目 保养里程/km		首保 7500	每 10 000	每 20 000	每 30 000	每 40 000	每 50 000	每 60 000	每 70 000	每 80 000
更换机油			●	●	●	●	●	●	●	●
更换机油滤清器			●	●	●	●	●	●	●	●
更换空气滤清器					●			●		
更换空调滤清器					●			●		
更换燃油滤清器	1.8	暂无保养周期数据								
	2.0	暂无保养周期数据								
	2.0 增压	暂无保养周期数据								
	2.4	暂无保养周期数据								
	2.5	暂无保养周期数据								

续表

保养项目 保养里程/km		首保 7500	每 10 000	每 20 000	每 30 000	每 40 000	每 50 000	每 60 000	每 70 000	每 80 000
更换燃油滤清器	2.7 增压				●			●		
	2.8		暂无保养周期数据							
	3.0		暂无保养周期数据							
	3.0 增压		暂无保养周期数据							
	3.1		暂无保养周期数据							
	4.2		暂无保养周期数据							
更换火花塞					●			●		
更换变速器油	CVT 无级变速							●		
	手动		暂无保养周期数据							
	手自一体		暂无保养周期数据							
更换制动液			24 个月首次保养，以后每 24 个月保养一次							
更换发动机正时套件										●
更换发电机皮带										●
更换压缩机皮带										●
更换转向助力皮带										●

以上车型保养数据仅供参考，请以汽车生产厂指导为准。

表 13 上海通用别克君越保养周期表
全系

保养项目 保养里程/km	首保 8000	每 8000	每 16 000	每 24 000	每 32 000	每 40 000	每 48 000	每 56 000	每 64 000
更换机油	●	●	●	●	●	●	●	●	●
更换机油滤清器	●	●	●	●	●	●	●	●	●

保养项目保养里程/km	首保 8000	每 8000	每 16 000	每 24 000	每 32 000	每 40 000	每 48 000	每 56 000	每 64 000
更换空气滤清器	20 000 km 首次保养，以后每 20 000 km 保养一次								
更换空调滤清器			●		●		●		●
更换火花塞	160 000 km 首次保养，以后每 160 000 km 保养一次								
更换变速器油	160 000 km 首次保养，以后每 160 000 km 保养一次								

表 14　广汽本田雅阁保养周期表

全系

保养项目保养里程/km		首保 5000	每 5000	每 10 000	每 15 000	每 20 000	每 25 000	每 30 000	每 35 000	每 40 000
更换机油		●	●	●	●	●	●	●	●	●
更换机油滤清器		●		●		●		●		●
更换空气滤清器						●				●
更换空调滤清器						●				●
更换燃油滤清器		80 000 km 首次保养，以后每 80 000 km 保养一次								
更换火花塞		100 000 km 首次保养，以后每 100 000 km 保养一次								
更换变速器油	手动	60 000 km 首次保养，以后每 60 000 km 保养一次								
	自动	60 000 km 首次保养，以后每 40 000 km 保养一次								
更换冷却液		200 000 km 首次保养，以后每 100 000 km 保养一次								
更换制动液		36 个月首次保养，以后每 36 个月保养一次								
轮胎换位				●		●		●		●

以上车型保养数据仅供参考，请以汽车生产厂指导为准。

表 15 东风本田 CR-V 保养信息保养周期表
全系

保养项目保养里程/km	首保5000	每5000	每10000	每15000	每20000	每25000	每30000	每35000	每40000
更换机油	•	•	•	•	•	•	•	•	•
更换机油滤清器	•	•	•		•		•		•
更换空气滤清器					•				•
更换空调滤清器					•				•
更换燃油滤清器	80 000 km 首次保养，以后每 80 000 km 保养一次								
更换火花塞	100 000 km 首次保养，以后每 100 000 km 保养一次								
更换变速器油 手动	60 000 km 首次保养，以后每 60 000 km 保养一次								
更换变速器油 自动	60 000 km 首次保养，以后每 40 000 km 保养一次								
更换冷却液	200 000 km 首次保养，以后每 100 000 km 保养一次								
更换制动液	36 个月首次保养，以后每 36 个月保养一次								
更换差速器油	20 000 km 首次保养，以后每 80 000 km 保养一次								

表 16 东风标致 307 三厢保养周期表
全系

保养项目保养里程/km	首保7500	每15000	每30000	每45000	每60000	每75000	每90000	每105000	每120000
更换机油	•	•	•	•	•	•	•	•	•
更换机油滤清器	•	•	•	•	•	•	•	•	•
更换空气滤清器			•		•		•		•
更换空调滤清器			•		•		•		•
更换燃油滤清器									•
更换火花塞			•		•		•		•
更换冷却液	24 个月首次保养，以后每 24 个月保养一次								
更换制动液	24 个月首次保养，以后每 24 个月保养一次								
更换发动机正时套件							•		

以上车型保养数据仅供参考，请以汽车生产厂指导为准。

表 17　上海大众帕萨特领驭保养周期表

全系

保养项目保养里程/km		首保7500	每7500	每15 000	每22 500	每30 000	每37 500	每45 000	每52 500	每60 000
更换机油	1.8	●	●	●	●	●	●	●	●	●
	1.8 增压	●	●	●	●	●	●	●	●	●
	2.0	●	●	●	●	●	●	●	●	●
	2.8	●	●	●	●	●	●	●	●	●
更换机油滤清器	1.8	●	●	●	●	●	●	●	●	●
	1.8 增压	●	●	●	●	●	●	●	●	●
	2.0	●	●	●	●	●	●	●	●	●
	2.8	●	●	●	●	●	●	●	●	●
更换空气滤清器				●		●		●		●
更换燃油滤清器	1.8	55 000 km 首次保养，以后每 60 000 km 保养一次								
	1.8 增压	55 000 km 首次保养，以后每 60 000 km 保养一次								
	2.0	55 000 km 首次保养，以后每 60 000 km 保养一次								
	2.8	55 000 km 首次保养，以后每 60 000 km 保养一次								
更换火花塞	1.8	25 000 km 首次保养，以后每 30 000 km 保养一次								
	1.8 增压	25 000 km 首次保养，以后每 30 000 km 保养一次								
	2.0	25 000 km 首次保养，以后每 30 000 km 保养一次								
	2.8	25000 km 首次保养，以后每 30 000 km 保养一次								
更换制动液	1.8	50 000 km 或 24 个月首次保养，以后每 50 000 km 或 24 个月保养一次								
	1.8 增压	50 000 km 或 24 个月首次保养，以后每 50 000 km 或 24 个月保养一次								

保养项目保养里程/km		首保7500	每7500	每15 000	每22 500	每30 000	每37 500	每45 000	每52 500	每60 000
	2.0	50 000 km 或 24 个月首次保养，以后每 50 000 km 或 24 个月保养一次								
	2.8	50 000 km 或 24 个月首次保养，以后每 50 000 km 或 24 个月保养一次								
更换发动机正时套件	1.8	115 000 km 首次保养，以后每 120 000 km 保养一次								
	1.8增压	115 000 km 首次保养，以后每 120 000 km 保养一次								
	2.0	115 000 km 首次保养，以后每 120 000 km 保养一次								
	2.8	115 000 km 首次保养，以后每 120 000 km 保养一次								

以上车型保养数据仅供参考，请以汽车生产厂指导为准。

表 18 帝豪 EC8 保养周期表
全系

保养项目保养里程/km		首保5000	每5000	每10 000	每15 000	每20 000	每25 000	每30 000	每35 000	每40 000
更换机油滤清器		●	间隔保养：每 7500 km 保养一次							
更换空气滤清器					●			●		
更换燃油滤清器								●		
更换火花塞					●					●
更换变速器油	手动									●
	手自一体	●	●	●	●	●	●	●	●	●
更换冷却液										●
更换制动液								●		
更换发动机正时套件		120 000 km 首次保养，以后每 120 000 km 保养一次								
更换碳罐		60 000 km 首次保养，以后每 60 000 km 保养一次								
发动机润滑油		●	间隔保养：每 7500 km 保养一次							

以上车型保养数据仅供参考，请以汽车生产厂指导为准。

表 19　东风风神 S30 三厢保养信息保养周期表
全系

保养项目保养里程/km		首保 2500	每 7500	每 15 000	每 22 500	每 30 000	每 37 500	每 45 000	每 52 500	每 60 000
更换机油			●	●	●	●	●	●	●	●
更换机油滤清器			●	●	●	●	●	●	●	●
更换空气滤清器						●				●
更换空调滤清器					●			●		
更换燃油滤清器								●		
更换火花塞						●				●
更换变速器油	手动	暂无保养周期数据								
	自动	●	间隔保养：每 5000 km 保养一次							
更换冷却液		●				●				●
更换制动液						●				●
更换转向助力液		●						●		

以上车型保养数据仅供参考，请以汽车生产厂指导为准。

表 20　长安福特福克斯三厢保养周期表
全系

保养项目保养里程/km	首保 5000	每 10 000	每 20 000	每 30 000	每 40 000	每 50 000	每 60 000	每 70 000	每 80 000
更换机油	●	●	●	●	●	●	●	●	●
更换机油滤清器	●	●	●	●	●	●	●	●	●
更换空气滤清器	25 000 km 首次保养，以后每 30 000 km 保养一次								
更换空调滤清器	15 000 km 首次保养，以后每 10 000 km 保养一次								
更换燃油滤清器	15 000 km 或 12 个月首次保养，以后每 20 000 km 或 12 个月保养一次								
更换火花塞	35 000 km 首次保养，以后每 40 000 km 保养一次								
更换制动液	24 个月首次保养，以后每 24 个月保养一次								

以上车型保养数据仅供参考，请以汽车生产厂指导为准。

表 21　长安马自达 Mazda3 保养周期表
全系

保养项目保养里程/km		首保 5000	每 5000	每 10 000	每 15 000	每 20 000	每 25 000	每 30 000	每 35 000	每 40 000
更换机油		●	●	●	●	●	●	●	●	●
更换机油滤清器		●	●	●	●	●	●	●	●	●
更换空气滤清器										●
更换空调滤清器						●				●
更换燃油滤清器				●		●			●	
更换火花塞	1.6									●
	2.0	每 120 000 km 保养一次								
更换变速器油	手动	每 60 000 km 或 24 个月保养一次								
更换冷却液										●
更换制动液										●
更换转向助力液										●
更换蓄电池		60 000 km 首次保养，以后每 60 000 km 保养一次								
轮胎换位				●		●		●		●

以上车型保养数据仅供参考，请以汽车生产厂指导为准。

表 22　一汽马自达 Mazda6 保养周期表
全系

保养项目保养里程/km	首保 5000	每 5000	每 10 000	每 15 000	每 20 000	每 25 000	每 30 000	每 35 000	每 40 000
更换机油		暂无保养周期数据							
更换机油滤清器		暂无保养周期数据							
更换空气滤清器					●				●

续表

保养项目保养里程/km	首保 5000	每 5000	每 10 000	每 15 000	每 20 000	每 25 000	每 30 000	每 35 000	每 40 000
更换空调滤清器		暂无保养周期数据							
更换燃油滤清器		暂无保养周期数据							
更换变速器油　手动		60 000 km 首次保养，以后每 60 000 km 保养一次							
更换变速器油　手自一体		暂无保养周期数据							
更换冷却液		暂无保养周期数据							
更换制动液		暂无保养周期数据							
更换发动机正时套件		暂无保养周期数据							

以上车型保养数据仅供参考，请以汽车生产厂指导为准。

表 23　东风悦达起亚赛拉图保养周期表
全系

保养项目保养里程/km	首保 10 000	每 10 000	每 20 000	每 30 000	每 40 000	每 50 000	每 60 000	每 70 000	每 80 000
更换机油	●	●	●	●	●	●	●	●	●
更换机油滤清器	●	●	●	●	●	●	●	●	●
更换空气滤清器				●					●
更换空调滤清器	●	●	●	●	●	●	●	●	●
更换燃油滤清器				●					●
更换火花塞				●					●
更换制动液				●			●		
更换发动机正时套件							●		
更换离合器油			●				●		

以上车型保养数据仅供参考，请以汽车生产厂指导为准。

表 24　风悦达起亚狮跑保养周期表
全系

保养项目保养里程/km	首保 10 000	每 7500	每 15 000	每 22 500	每 30 000	每 37 500	每 45 000	每 52 500	每 60 000
更换机油	●	●	●	●	●	●	●	●	●
更换机油滤清器	●	●	●	●	●	●	●	●	●
更换空气滤清器			●		●		●		●
更换燃油滤清器	40 000 km 或 36 个月首次保养，以后每 40 000 km 或 36 个月保养一次								
更换火花塞					●				●
更换变速器油	手动						●		
更换冷却液					●				●
更换发动机正时套件	90 000 km 或 72 个月首次保养，以后每 90 000 km 或 72 个月保养一次								
更换碳罐		40 000 km 首次保养，以后每 40 000 km 保养一次							

以上车型保养数据仅供参考，请以汽车生产厂指导为准。

表 25　东风悦达起亚福瑞迪保养周期表
全系

保养项目保养里程/km	首保 10 000	每 7500	每 15 000	每 22 500	每 30 000	每 37 500	每 45 000	每 52 500	每 60 000
更换机油	●	●	●	●	●	●	●	●	●
更换机油滤清器	●	●	●	●	●	●	●	●	●
更换空气滤清器			●		●		●		●
更换燃油滤清器	40 000 km 或 36 个月首次保养，以后每 40 000 km 或 36 个月保养一次								
更换火花塞					●				●
更换变速器油	手动						●		
	手自一体			暂无保养周期数据					
更换冷却液					●				●
更换碳罐		40 000 km 首次保养，以后每 40 000 km 保养一次							

以上车型保养数据仅供参考，请以汽车生产厂指导为准。

表 26　奇瑞旗云保养信息保养周期表

全系

保养项目保养里程/km	首保 5000	每 15 000	每 30 000	每 45 000	每 60 000	每 75 000	每 90 000	每 105 000	每 120 000
更换机油	●	●	●	●	●	●	●	●	●
更换机油滤清器	●	●	●	●	●	●	●	●	●
更换燃油滤清器			●		●		●		●
更换变速器油			●						●

以上车型保养数据仅供参考，请以汽车生产厂指导为准。

表 27　奇瑞风云 2 三厢保养周期表

全系

保养项目保养里程/km	首保 5000	每 10 000	每 20 000	每 30 000	每 40 000	每 50 000	每 60 000	每 70 000	每 80 000
更换机油	●	●	●	●	●	●	●	●	●
更换机油滤清器	●	●	●	●	●	●	●	●	●
更换燃油滤清器				●			●		
更换变速器油				●					
轮胎换位				●			●		

以上车型保养数据仅供参考，请以汽车生产厂指导为准。

表 28　奇瑞瑞虎保养周期表

全系

保养项目保养里程/km	首保 5000	每 10 000	每 20 000	每 30 000	每 40 000	每 50 000	每 60 000	每 70 000	每 80 000
更换机油	●	●	●	●	●	●	●	●	●
更换机油滤清器	●	●	●	●	●	●	●	●	●
更换燃油滤清器				●			●		
更换变速器油				●			●		

以上车型保养数据仅供参考，请以汽车生产厂指导为准。

表 29　上海大众斯柯达明锐保养周期表

全系

保养项目保养里程/km	首保 5000	每 5000	每 10 000	每 15 000	每 20 000	每 25 000	每 30 000	每 35 000	每 40 000
更换机油	●	●	●	●	●	●	●	●	●
更换机油滤清器	●	●	●	●	●	●	●	●	●
更换空气滤清器			●		●		●		●
更换变速器油	60 000 km 首次保养，以后每 60 000 km 保养一次								
更换制动液	50 000 km 首次保养，以后每 50 000 km 保养一次								
清洗节气门					●				●
清洗喷油嘴					●				●
清洗进气道					●				

以上车型保养数据仅供参考，请以汽车生产厂指导为准。

表 30　北京现代途胜保养周期表

全系

保养项目保养里程/km		首保 15 000	每 15 000	每 30 000	每 45 000	每 60 000	每 75 000	每 90 000	每 105 000	每 120 000
更换机油	2.0	●	●	●	●	●	●	●	●	●
	2.7	●	●	●	●	●	●	●	●	●
更换机油滤清器		●	●	●	●	●	●	●	●	●
更换空气滤清器				●		●		●		●
更换空调滤清器		●	●	●	●	●	●	●	●	●
更换燃油滤清器				●		●		●		●
更换火花塞		100 000 km 首次保养，以后每 100 000 km 保养一次								
更换变速器油	手自一体							●		
	自动							●		

保养项目保养里程/km	首保 15 000	每 15 000	每 30 000	每 45 000	每 60 000	每 75 000	每 90 000	每 105 000	每 120 000
更换发动机 正时套件							●		
更换发电机皮带							●		
更换压缩机皮带							●		
更换转向 助力皮带							●		

以上车型保养数据仅供参考，请以汽车生产厂指导为准。

表 31　北京现代伊兰特三厢保养周期表
全系

保养项目保养里程/km	首保 5000	每 5000	每 10 000	每 15 000	每 20 000	每 25 000	每 30 000	每 35 000	每 40 000
更换机油	●	●	●	●	●	●	●	●	●
更换机油滤清器	●	●	●	●	●	●	●	●	●
更换空气滤清器				●			●		
更换空调滤清器				●			●		
更换燃油滤清器									●
更换火花塞		100 000 km 首次保养，以后每 100 000 km 保养一次							
更换变速器油	自动	100 000 km 首次保养，以后每 100 000 km 保养一次							
更换冷却液		100 000 km 或 60 个月首次保养， 以后每 40 000 km 或 24 个月保养一次							
更换制动液									●
更换发动机 正时套件		90 000 km 或 72 个月首次保养， 以后每 90 000 km 或 72 个月保养一次							
更换碳罐									●
轮胎换位			●		●		●		●
更换离合器油									●

以上车型保养数据仅供参考，请以汽车生产厂指导为准。

表 32　上海通用雪佛兰景程保养周期表
全系

保养项目保养里程/km	首保10 000	每10 000	每20 000	每30 000	每40 000	每50 000	每60 000	每70 000	每80 000
更换机油	●	●	●	●	●	●	●	●	●
更换机油滤清器	●	●	●	●	●	●	●	●	●
更换空气滤清器					●				●
更换空调滤清器	●		●		●		●		●
更换燃油滤清器					●				
更换火花塞					●				
更换冷却液					●				●
更换制动液				●			●		
更换发动机正时套件							●		

以上车型保养数据仅供参考，请以汽车生产厂指导为准。

表 33　上海通用雪佛兰赛欧两厢保养周期表
全系

保养项目保养里程/km	首保5000	每5000	每10 000	每15 000	每20 000	每25 000	每30 000	每35 000	每40 000
更换机油	●	●	●	●	●	●	●	●	●
更换机油滤清器	●	●	●	●	●	●	●	●	●
更换空气滤清器			●		●		●		●
更换空调滤清器			●		●		●		●
更换燃油滤清器					●				●
更换火花塞							●		
更换制动液							●		

以上车型保养数据仅供参考，请以汽车生产厂指导为准。

表 34　东风雪铁龙爱丽舍保养周期表

全系

保养项目保养里程/km	首保 15 000	每 15 000	每 30 000	每 45 000	每 60 000	每 75 000	每 90 000	每 105 000	每 120 000
更换机油	●	●	●	●	●	●	●	●	●
更换机油滤清器	●	●	●	●	●	●	●	●	●
更换空气滤清器			●		●		●		●
更换空调滤清器			●		●		●		●
更换燃油滤清器				●			●		
更换火花塞			●		●		●		●
更换冷却液	24 个月首次保养，以后每 24 个月保养一次								
更换制动液	24 个月首次保养，以后每 24 个月保养一次								
更换发动机正时套件							●		

以上车型保养数据仅供参考，请以汽车生产厂指导为准。

表 35　东风雪铁龙 C5 保养周期表

全系

保养项目保养里程/km		首保 15 000	每 15 000	每 30 000	每 45 000	每 60 000	每 75 000	每 90 000	每 105 000	每 120 000
更换机油			●	●	●	●	●	●	●	●
更换机油滤清器			●	●	●	●	●	●	●	●
更换空气滤清器					●		●		●
更换空调滤清器				●		●		●	
更换燃油滤清器					●			●		
更换火花塞	2.0				●		●		●		●
	2.3						●		●		●

保养项目保养里程/km		首保 15 000	每 15 000	每 30 000	每 45 000	每 60 000	每 75 000	每 90 000	每 105 000	每 120 000
更换火花塞	2.9					●				●
更换冷却液		24 个月首次保养，以后每 24 个月保养一次								
更换制动液		24 个月首次保养，以后每 24 个月保养一次								
更换发动机正时套件	2.0							●		
	2.3							●		
	2.9	180 000 km 首次保养，以后每 180 000 km 保养一次								

以上车型保养数据仅供参考，请以汽车生产厂指导为准。

表 36　东风雪铁龙世嘉三厢保养周期表
全系

保养项目保养里程/km	首保 7500	每 7500	每 15 000	每 22 500	每 30 000	每 37 500	每 45 000	每 52 500	每 60 000
更换机油	●	●	●	●	●	●	●	●	●
更换机油滤清器			●		●		●		●
更换空气滤清器					●				●
更换空调滤清器					●				●
更换燃油滤清器							●		
更换火花塞					●				●
更换冷却液	●	●	●	●	●	●	●	●	●
更换制动液	●	●	●	●	●	●	●	●	●
更换发动机正时套件	90 000 km 首次保养，以后每 90 000 km 保养一次								

以上车型保养数据仅供参考，请以汽车生产厂指导为准。

表 37　英伦汽车金刚保养周期表
全系

保养项目保养里程/km		首保 2500	每 7500	每 15 000	每 22 500	每 30 000	每 37 500	每 45 000	每 52 500	每 60 000
更换机油		●	●	●	●	●	●	●	●	●
更换机油滤清器		●	●	●	●	●	●	●	●	●
更换空气滤清器		20 000 km 首次保养，以后每 20 000 km 保养一次								
更换空调滤清器						●				●
更换燃油滤清器		40 000 km 首次保养，以后每 40 000 km 保养一次								
更换火花塞		20 000 km 首次保养，以后每 20 000 km 保养一次								
更换变速器油	手动	5000 km 首次保养，以后每 40 000 km 保养一次								
	自动	●	间隔保养：每 40 000 km 保养一次							
更换冷却液		12 个月首次保养，以后每 12 个月保养一次								
更换制动液		40 000 km 首次保养，以后每 40 000 km 保养一次								
更换转向助力液		12 个月首次保养，以后每 12 个月保养一次								
更换发动机正时套件		120 000 km 首次保养，以后每 120 000 km 保养一次								
更换碳罐										●
更换传动皮带套件		50 000 km 首次保养，以后每 50 000 km 保养一次								

以上车型保养数据仅供参考，请以汽车生产厂指导为准。

表 38　英伦汽车 SC7 保养周期表
全系

保养项目保养里程/km	首保 12 500	每 7500	每 15 000	每 22 500	每 30 000	每 37 500	每 45 000	每 52 500	每 60 000
更换机油	●	●	●	●	●	●	●	●	●
更换机油滤清器	●	●	●	●	●	●	●	●	●
更换空气滤清器	20 000 km 首次保养，以后每 15 000 km 保养一次								

续表

保养项目保养里程/km	首保 12 500	每 7500	每 15 000	每 22 500	每 30 000	每 37 500	每 45 000	每 52 500	每 60 000
更换空调滤清器	7500 km 首次保养，以后每 22 500 km 保养一次								
更换燃油滤清器	35 000 km 首次保养，以后每 30 000 km 保养一次								
更换火花塞	35 000 km 首次保养，以后每 30 000 km 保养一次								
更换变速器油	35 000 km 首次保养，以后每 30 000 km 保养一次								
更换冷却液	60 000 km 首次保养，以后每 30 000 km 保养一次								
更换制动液	35 000 km 首次保养，以后每 30 000 km 保养一次								
更换 CVVT 油道滤网	35 000 km 首次保养，以后每 30 000 km 保养一次								

以上车型保养数据仅供参考，请以汽车生产厂指导为准。

表 39　华晨中华骏捷保养周期表
全系

保养项目保养里程/km	首保 2000	每 5000	每 10 000	每 15 000	每 20 000	每 25 000	每 30 000	每 35 000	每 40 000
更换机油	●	●	●	●	●	●	●	●	●
更换机油滤清器	●	●	●	●	●	●	●	●	●
更换空气滤清器			●		●		●		●
更换空调滤清器							●		●
更换燃油滤清器					●				●
更换火花塞					●				●
更换变速器油	10 000 km 首次保养，以后每 30 000 km 保养一次								
更换制动液									●
更换转向助力液									●

以上车型保养数据仅供参考，请以汽车生产厂指导为准。

表 40　华晨中华骏捷 FRV 保养周期表
全系

保养项目保养里程/km	首保 2000	每 5000	每 10 000	每 15 000	每 20 000	每 25 000	每 30 000	每 35 000	每 40 000
更换机油	●	●	●	●	●	●	●	●	●
更换机油滤清器	●	●	●	●	●	●	●	●	●
更换空气滤清器					●				●
更换空调滤清器					●				●
更换燃油滤清器					●				●
更换火花塞					●				●
更换变速器油									●

以上车型保养数据仅供参考，请以汽车生产厂指导为准。

表 41　长安福特嘉年华三厢保养周期表
全系

保养项目保养里程/km	首保 5000	每 10 000	每 20 000	每 30 000	每 40 000	每 50 000	每 60 000	每 70 000	每 80 000
更换机油	●	●	●	●	●	●	●	●	●
更换机油滤清器	●	●	●	●	●	●	●	●	●
更换空气滤清器			●		●		●		●
更换燃油滤清器					●				●
更换冷却液	100 000 km 或 60 个月首次保养，以后每 100 000 km 或 60 个月保养一次								
更换制动液					●				●

以上车型保养数据仅供参考，请以汽车生产厂指导为准。

表 42 长安福特蒙迪欧-致胜保养周期表
全系

保养项目保养里程/km	首保10 000	每10 000	每20 000	每30 000	每40 000	每50 000	每60 000	每70 000	每80 000
更换机油	●	●	●	●	●	●	●	●	●
更换机油滤清器	●	●	●	●	●	●	●	●	●
更换空气滤清器			●		●		●		●
更换燃油滤清器			●		●		●		●
更换火花塞							●		
更换冷却液	100 000 km 首次保养，以后每 100 000 km 保养一次								
更换制动液				●					●

以上车型保养数据仅供参考，请以汽车生产厂指导为准。

表 43 广汽丰田凯美瑞保养周期表
全系

保养项目保养里程/km	首保5000	每10 000	每20 000	每30 000	每40 000	每50 000	每60 000	每70 000	每80 000
更换机油		●	●	●	●	●	●	●	●
更换机油滤清器		●	●	●	●	●	●	●	●
更换空气滤清器					●				●
更换空调滤清器									●
更换燃油滤清器									●
更换制动液					●				●

以上车型保养数据仅供参考，请以汽车生产厂指导为准。

表44　广汽丰田汉兰达保养周期表

全系

保养项目保养里程/km	首保 10 000	每 10 000	每 20 000	每 30 000	每 40 000	每 50 000	每 60 000	每 70 000	每 80 000
更换机油	●	●	●	●	●	●	●	●	●
更换机油滤清器	●	●	●	●	●	●	●	●	●
更换空气滤清器					●				●
更换空调滤清器					●		●		●
更换制动液									●
更换差速器油							●		●
更换分动器油							●		●

以上车型保养数据仅供参考，请以汽车生产厂指导为准。

表45　一汽丰田卡罗拉保养周期表

全系

保养项目保养里程/km		首保 5000	每 5000	每 10 000	每 15 000	每 20 000	每 25 000	每 30 000	每 35 000	每 40 000
更换机油		●	●	●	●	●	●	●	●	●
更换机油滤清器				●		●		●		●
更换空气滤清器										●
更换空调滤清器						●				●
更换燃油滤清器		80 000 km 首次保养，以后每 80 000 km 保养一次
更换火花塞		100 000 km 首次保养，以后每 100 000 km 保养一次
更换冷却液		160 000 km 首次保养，以后每 80 000 km 保养一次
更换制动液										●
更换离合器油	1.6	暂无保养周期数据
	1.8	暂无保养周期数据
	1.8 增压	暂无保养周期数据
	2.0									●

以上车型保养数据仅供参考，请以汽车生产厂指导为准。

表 46　一汽丰田皇冠保养周期表
全系

保养项目保养里程/km		首保 5000	每 5000	每 10 000	每 15 000	每 20 000	每 25 000	每 30 000	每 35 000	每 40 000
更换机油		●	●	●	●	●	●	●	●	●
更换机油滤清器				●		●		●		●
更换空气滤清器										●
更换空调滤清器								●		
更换燃油滤清器		80 000 km 首次保养，以后每 80 000 km 保养一次								
更换火花塞		100 000 km 首次保养，以后每 100 000 km 保养一次								
更换冷却液		160 000 km 首次保养，以后每 80 000 km 保养一次								
更换制动液										●
更换发动机正时套件	2.5	暂无保养周期数据								
	3.0	暂无保养周期数据								
	4.3	150 000 km 首次保养，以后每 150 000 km 保养一次								
更换后桥齿轮油										●

以上车型保养数据仅供参考，请以汽车生产厂指导为准。

表 47　上海大众 POLO 保养周期表
全系

保养项目保养里程/km		首保 7500	每 7500	每 15 000	每 22 500	每 30 000	每 37 500	每 45 000	每 52 500	每 60 000
更换机油	1.4	●				●				●
	1.6	●				●				●
更换机油滤清器	1.4	●				●		●		●
	1.6	●				●		●		●
更换空气滤清器						●		●		●
更换燃油滤清器	1.4									●
	1.6									●

附 录

续表

保养项目保养里程/km		首保7500	每7500	每15 000	每22 500	每30 000	每37 500	每45 000	每52 500	每60 000
更换火花塞	1.4					●				●
更换火花塞	1.6					●				●
更换变速器油										●
更换制动液		50 000 km 或 24 个月首次保养，以后每 50 000 km 或 24 个月保养一次								
更换发动机正时套件	1.4	30 000 km 首次保养，以后每 120 000 km 保养一次								
更换发动机正时套件	1.6	30 000 km 首次保养，以后每 120 000 km 保养一次								

以上车型保养数据仅供参考，请以汽车生产厂指导为准。

表 48　广汽本田飞度保养周期表
全系

保养项目保养里程/km		首保5000	每5000	每10 000	每15 000	每20 000	每25 000	每30 000	每35 000	每40 000
更换机油		●	●	●	●	●	●	●	●	●
更换机油滤清器				●		●		●		●
更换空气滤清器						●				●
更换空调滤清器						●				●
更换燃油滤清器		80 000 km 首次保养，以后每 80 000 km 保养一次								
更换火花塞		100 000 km 首次保养，以后每 100 000 km 保养一次								
更换变速器油	CVT 无级变速	暂无保养周期数据								
更换变速器油	手动	60 000 km 首次保养，以后每 60 000 km 保养一次								
更换变速器油	自动	60 000 km 首次保养，以后每 40 000 km 保养一次								
更换冷却液		200 000 km 首次保养，以后每 100 000 km 保养一次								
更换制动液		36 个月首次保养，以后每 36 个月保养一次								
轮胎换位				●		●		●		●

以上车型保养数据仅供参考，请以汽车生产厂指导为准。

101

参考文献

[1] 吉武俊，高云．汽车维护与保养[M]．北京：人民邮电出版社，2011．

[2] 王尚军．汽车维护与保养[M]．北京：人民邮电出版社，2011．

[3] 朱翠艳．汽车维护保养[M]．北京：机械工业出版社，2011．

[4] 谭本忠．汽车维护与保养[M]．济南：山东科学技术出版社，2014．

[5] 姜龙青，罗新闻．汽车维护与保养一体化教程[M]．北京：机械工业出版社，2012．

[6] 谭本忠．汽车维护与保养图解教程[M]．北京：机械工业出版社，2010．

[7] 王盛良．汽车使用、维护与保养技术[M]．2 版．北京：机械工业出版社，2013．

[8] 彭光乔，姚博瀚．汽车保养与维护[M]．北京：北京理工大学出版社，2011．